PRIMERA EDICIÓN - 2022

Ilustración Gráfica Extra: www.freepik.com
Gracias a Alekksall, Starline, Pch.vector, Rawpixel.com, Vectorpocket, Dgim-studio, Upklyak, Macrovector, Stockgiu, Pikisuperstar & Freepik.com Designers

Descubra Juegos Gratis Online

Disponibles Aquí:

BestActivityBooks.com/FREEGAMES

5 CONSEJOS PARA EMPEZAR

1) CÓMO RESOLVER LAS SOPA DE LETRAS

Los rompecabezas tienen un formato clásico:

- Las palabras se ocultan sin espacios ni guiones,...
- Orientación: Las palabras pueden escribirse hacia delante, hacia atrás, hacia arriba, hacia abajo o en diagonal (pueden estar invertidas).
- Las palabras pueden superponerse o cruzarse.

2) APRENDIZAJE ACTIVO

Junto a cada palabra hay un espacio para anotar la traducción. Para fomentar un aprendizaje activo, un **DICCIONARIO** al final de esta edición te permitirá comprobar y ampliar tus conocimientos. Busca y anota las traducciones, encuéntralas en el puzzle y añádelas a tu vocabulario!

3) MARCAR LAS PALABRAS

Puedes inventar tu propio sistema de marcado. ¿Quizás ya usas uno? También puedes, por ejemplo, marcar las palabras difíciles de encontrar con una cruz, las que te gustan con una estrella, las nuevas con un triángulo, las raras con un diamante, etc.

4) ESTRUCTURAR EL APRENDIZAJE

Esta edición ofrece un **CUADERNO DE NOTAS** muy práctico al final del libro. En vacaciones, de viaje o en casa, podrás organizar fácilmente tus nuevos conocimientos sin necesidad de un segundo cuaderno!

5) ¿HABÉIS TERMINADO TODAS LAS PARRILLAS?

En las últimas páginas de este libro, en la sección **DESAFÍO FINAL**, encontrarás un juego gratis!

¡Rápido y sencillo! Echa un vistazo a nuestra colección de libros de actividades para tu próximo momento de diversión y aprendizaje, ¡a sólo un clic de distancia!

Encuentre su próximo reto en:

BestActivityBooks.com/MiProximoLibro

En sus marcas, listos, ¡Ya!

¿Sabías que hay unas 7.000 lenguas diferentes en el mundo? Las palabras son preciosas.

Nos encantan los idiomas y hemos trabajado duro para crear libros de la más alta calidad para tí. ¿Nuestros ingredientes?

Una selección de temas adecuados para el aprendizaje, tres buenas porciones de entretenimiento, y luego añadimos una cucharada de palabras difíciles y una pizca de palabras raras. Los servimos con cariño y máxima diversión para que puedas resolver los mejores juegos de palabras y te diviertas aprendiendo!

Tu opinión es esencial. Puedes participar activamente en el éxito de este libro dejándonos un comentario. Nos encantaría saber qué es lo que más le ha gustado de esta edición.

Aquí hay un enlace rápido a tu página de pedidos:

BestBooksActivity.com/Opiniones50

Gracias por tu ayuda y diviértete!

Todo el equipo

1 - Ajedrez

```
B  Z  K  C  Q  Ş  A  M  P  İ  Y  O  N  K
V  E  B  T  U  R  N  U  V  A  A  K  A  R
N  O  Y  U  N  U  Y  R  B  S  S  U  N  A
C  Y  A  A  A  S  M  Y  V  Z  Z  I  L  L
R  U  R  F  Z  E  K  R  A  L  T  H  F  I
A  N  I  Q  C  T  U  Ç  M  B  J  U  I  Ç
K  C  Ş  T  S  T  R  A  T  E  J  İ  H  E
I  U  M  I  I  N  B  P  B  Q  P  D  N  Q
P  D  A  C  H  J  A  R  Z  T  B  G  J  V
U  C  Z  T  J  Y  N  A  Z  L  G  E  V  A
N  A  Z  U  Ü  P  C  Z  A  O  Z  B  G  B
S  I  Y  A  H  Z  J  R  M  M  B  J  P  F
M  V  A  A  H  N  Ü  N  A  Q  H  O  V  T
Ö  Ğ  R  E  N  M  E  K  N  K  K  S  N  B
```

ÖĞRENMEK	RAKIP
BEYAZ	PASİF
ŞAMPİYON	TÜZÜK
YARIŞMA	KRALİÇE
ÇAPRAZ	KRAL
STRATEJİ	KURBAN
OYUN	ZAMAN
OYUNCU	TURNUVA
SIYAH	

2 - Agua

U	I	L	O	H	T	D	T	R	M	Y	C	D	T
D	U	Ş	C	R	B	M	M	K	K	A	N	A	L
O	K	Y	A	N	U	S	M	A	D	Ğ	E	E	Q
N	V	A	R	L	H	E	B	S	L	M	H	B	M
T	Z	A	S	D	A	L	U	I	F	U	I	U	L
F	Z	R	A	M	R	J	O	R	L	R	R	H	N
E	Z	N	O	B	U	Z	K	G	Ö	L	J	A	J
G	A	Y	Z	E	R	S	A	A	B	I	A	R	I
S	U	L	A	M	A	Q	O	R	R	O	M	L	Q
K	M	A	O	T	K	H	T	N	H	O	Q	A	D
F	M	P	Z	L	U	Z	D	A	J	D	E	Ş	Z
N	H	D	A	L	G	A	L	A	R	D	T	M	F
K	V	I	R	J	H	O	F	Y	T	V	S	A	J
P	J	L	H	R	H	H	D	U	F	H	Q	V	U

KANAL	GÖL
DUŞ	YAĞMUR
BUHARLAŞMA	MUSON
GAYZER	KAR
DON	OKYANUS
BUZ	DALGALAR
NEM	SULAMA
KASIRGA	NEHIR
SEL	BUHAR

3 - Granja #2

```
Ö  R  D  E  K  G  N  K  O  B  K  T  S  M
S  U  L  A  M  A  I  N  V  A  O  R  E  L
U  Ç  A  A  I  P  T  D  K  H  Y  A  B  L
D  A  M  Y  S  G  C  C  A  Ç  U  K  Z  R
F  Y  A  J  I  A  R  P  A  E  N  T  E  N
G  I  Z  K  R  Ç  I  F  T  Ç  I  Ö  S  B
M  R  G  J  U  I  O  Y  O  G  T  R  V  C
F  I  S  M  P  Z  Q  B  I  L  I  G  O  U
A  K  V  Z  K  F  U  U  A  K  S  Q  E  F
G  G  G  B  O  H  N  Ğ  J  N  N  V  S  S
S  Ü  T  D  V  K  E  D  N  M  E  Y  V  E
E  D  Q  F  A  N  P  A  N  G  D  Z  Z  N
L  Z  Z  C  N  V  I  Y  A  U  L  Y  U  M
A  H  I  R  H  A  Y  V  A  N  L  A  R  E
```

ÇIFTÇI	LAMA
HAYVANLAR	MISIR
ARPA	KOYUN
KOVAN	ÇOBAN
GIDA	ÖRDEK
KUZU	ÇAYIR
MEYVE	SULAMA
AHIR	TRAKTÖR
BAHÇE	BUĞDAY
SÜT	SEBZE

4 - Pesca

```
O P G M V A F R S I T M B K
E K C Ö Z Z S S T T B Q O
K N Y C L Ç E N E E Z Z R D
J E E A A I P O T L B Q R Y
T E M E N C E K B H O T T K
N O H G Q U T A E M T L O V
S U U M J B S N B Q T E K D
A Ğ I R L I K C N A B O G L
K Q G R M K S A B I R S S O
S O L U N G A Ç L A R T C N
E H F K E E Z R V L F U I K
Z V O E H U R U I O D C C M
O F A P I F P L A J P B F S
N B V V R P P V Z U K R E T
```

SU	GÖL
BOT	ÇENE
SOLUNGAÇLAR	OKYANUS
TEL	SABIR
YEM	AĞIRLIK
SEPET	PLAJ
ABARTI	NEHIR
KANCA	SEZON

5 - Aviones

```
C  Y  M  M  J  G  T  Z  T  P  H  B  N  I
S  Ü  A  Ü  G  Ö  A  C  Ü  E  İ  A  B  D
H  K  C  R  G  K  S  Y  R  R  P  L  I  A
A  S  E  E  D  Y  A  J  B  V  Y  O  O  D
V  E  R  T  L  Ü  R  G  Ü  A  Y  N  U  T
A  K  A  T  G  Z  I  K  L  N  A  O  H  A
T  L  U  E  F  Ü  M  Z  A  E  K  T  Y  R
M  I  L  B  Y  A  P  I  N  Y  I  I  F  I
O  K  P  A  Ö  P  Y  O  S  K  T  I  Y  H
S  K  H  T  N  R  A  K  I  M  I  K  A  M
F  H  İ  D  R  O  J  E  N  F  F  N  P  C
E  Q  T  D  G  M  J  O  F  G  O  T  I  J
R  L  M  R  Q  M  O  T  O  R  O  F  H  Ş
P  I  O  Y  O  L  C  U  L  G  B  I  V  A
```

HAVA	TASARIM
RAKIM	BALON
YÜKSEKLIK	PERVANE
INIŞ	HİDROJEN
ATMOSFER	TARIH
MACERA	MOTOR
GÖKYÜZÜ	YOLCU
YAKIT	PİLOT
YAPI	MÜRETTEBAT
YÖN	TÜRBÜLANS

6 - Tipos de Cabello

```
K D K C G Ü M Ü Ş U M A C H
A A I S A R I Ş I N Z J S D
L L S L K O K V L R I U U Q
I G A O A E J K K B N Y N S
N A T E H L R B S P C U B Y
D L Q S V D Y F A F E B P U
K I G B E Y A Z Ğ S R K L M
Y U G V R E N K L İ K I M U
G T R B E Z I E I J O E O Ş
D N İ U N Q J E K J L O L A
D A Ö R G Ü L Ü L E O Z R K
S C V M I G P I I S I Y A H
K I V I R C I K P A R L A K
G Y F S R I Ö R G Ü A O S E
```

BEYAZ	SIYAH
PARLAK	DALGALI
KEL	GÜMÜŞ
RENKLİ	KIVIRCIK
KISA	SARIŞIN
INCE	SAĞLIKLI
GRİ	KURU
KALIN	YUMUŞAK
UZUN	ÖRGÜLÜ
KAHVERENGI	ÖRGÜ

7 - Herramientas de Cocina

```
C P D P H F N I M N I T O M
Q Y Z L D C R D J L S O B A
B A M K F T M S H C Q G C K
L U T D Y R O F P F N Y Q A
E S N U G S E B B A S G Y S
N S Ü Z G E Ç N H Z T C L K
D U A K K Y S L D O O U M G
E Y E Y A E G Q I E T O L D
R U F S Ş Z Ç G F I R I N A
C O E N I K A K A P A K T I
B I Ç A K K T N Z S A P O Q
B U Z D O L A B I C L K S F
Y H E F I V L P S N J U T I
T E R M O M E T R E E P F M
```

BLENDER	RENDE
KAZAN	BUZDOLABI
SÜZGEÇ	KAPAK
KAŞIK	ÇATAL
BIÇAK	TERMOMETRE
SPATULA	MAKAS
SOBA	TOST
FIRIN	

8 - Ciencia Ficción

```
K  S  P  G  F  Ü  T  Ü  R  I  S  T  I  K
D  İ  D  Ö  G  E  Z  E  G  E  N  E  U  F
Ü  N  T  K  P  A  T  L  A  M  A  K  Z  A
N  E  Y  A  N  I  L  S  A  M  A  N  A  N
Y  M  I  D  P  K  K  P  T  U  C  O  K  T
A  A  Y  A  R  L  F  P  O  B  C  L  K  A
V  N  O  B  G  O  A  L  M  K  G  O  E  S
C  O  S  Y  E  U  B  R  İ  B  F  J  H  T
H  F  Z  A  R  P  H  O  K  G  F  I  A  I
A  V  K  A  Ç  L  Q  G  T  T  F  A  N  K
Y  T  O  M  E  N  L  L  A  L  Q  Ş  E  Z
A  R  E  D  K  Y  U  F  O  E  A  I  T  P
L  S  D  Ş  Ç  Ü  T  O  P  Y  A  R  L  G
İ  J  P  B  İ  G  I  Z  E  M  L  I  D  U
```

ATOMİK
SİNEMA
UZAK
PATLAMA
AŞIRI
FANTASTIK
ATEŞ
FÜTÜRISTIK
GÖKADA
YANILSAMA

HAYALİ
KİTAPLAR
GIZEMLI
DÜNYA
KEHANET
GEZEGEN
GERÇEKÇİ
ROBOTLAR
TEKNOLOJI
ÜTOPYA

9 - Juguetes

```
R  D  Y  M  R  R  U  V  Z  B  H  P  Y  B
J  E  N  Q  L  O  T  M  A  V  F  K  C  R
Z  M  S  H  S  A  B  Q  Z  A  A  İ  V  L
G  J  H  F  I  D  N  O  G  G  V  T  O  P
G  V  O  Z  P  G  K  S  T  B  O  A  D  B
A  R  A  B  A  Y  F  I  F  U  R  P  A  I
U  F  O  M  H  B  O  T  L  L  I  L  V  S
J  Ç  Y  U  Ç  A  K  S  E  M  Y  A  U  I
R  D  U  B  H  R  P  R  N  A  P  R  L  K
L  P  N  R  O  L  U  B  P  C  G  L  H  L
B  L  L  L  T  N  O  U  K  A  E  Y  M  E
V  A  A  K  A  M  Y  O  N  R  O  P  V  T
J  S  R  V  L  S  A  T  R  A  N  Ç  Z  M
H  A  Y  A  L  G  Ü  C  Ü  N  Q  N  T  O
```

SATRANÇ	UÇURTMA
KIL	FAVORI
UÇAK	HAYAL GÜCÜ
BOT	OYUNLAR
BISIKLET	KİTAPLAR
TOP	ROBOT
KAMYON	BULMACA
ARABA	DAVUL

10 - Circo

```
P S Y Y G K B Y G J A P P Q
A İ S Z G V O J Ö P E L H B
L H M Ü Z I K S S B N K A J
Y İ G K A S O G T F N A Y Y
A R E L Q F I L E Ü O P V Z
Ç B B M Y B H A R D M L A F
O A Ç A D I R S M I F A N E
M Z Q I A F T L E M N N L N
I A C G I M Y A K R O B A T
D J Y R T F T N H I L E R L
S M K M H O K K A B A Z I U
J O Z K U I S I H I R Y T Z
Ş E K E R N B A L O N L A R
K H S E Y I R C I O T H E H
```

AKROBAT	SİHİRBAZ
HAYVANLAR	HOKKABAZ
ŞEKER	MAYMUN
ÇADIR	GÖSTERMEK
ALAY	MÜZIK
FIL	PALYAÇO
SEYIRCI	KAPLAN
BALONLAR	KOSTÜM
ASLAN	HILE
SIHIR	

11 - Rellenar

```
Ç  E  K  M  E  C  E  I  O  R  R  H  E  B
B  A  A  L  V  O  K  R  R  L  O  T  L  A
A  R  R  J  A  H  A  V  Z  A  P  S  D  Q
V  Z  T  D  Z  S  E  P  E  T  A  T  J  Ç
U  G  O  Z  O  Y  Ö  Q  I  Y  K  O  V  A
L  J  N  U  T  T  V  R  C  O  E  C  A  N
K  U  T  U  Ü  J  T  P  Q  A  T  E  Z  T
E  F  K  Z  P  N  G  E  G  H  A  P  K  A
H  I  F  A  G  Y  F  P  H  H  O  L  K  N
F  D  J  R  V  Ş  I  Ş  E  H  K  R  S  Q
M  P  A  F  F  A  U  J  V  L  Ü  Q  V  T
F  I  Ç  I  Z  P  N  G  J  D  V  S  G  S
T  E  P  S  I  M  O  O  R  B  E  Y  D  C
C  Q  G  J  L  L  S  A  Z  F  T  L  B  Q
```

TEPSI	SEPET
KÜVET	KOVA
FIÇI	HAVZA
ÇANTA	VAZO
CEP	BAVUL
ŞİŞE	PAKET
KUTU	ZARF
ÇEKMECE	KAVANOZ
KLASÖR	TÜP
KARTON	

12 - Granja #1

```
T B A C I K V Q P J J E P V
A D U B I A K Ç I T A V U K
R G T Z N S L J R A R I R A
I K A R A T C A I İ N E K R
M G E K Z Ğ P S N B A L Ö G
R Ü Q D T G I U Ç I I L P A
P B A T İ D E T N O C C E Z
Z R J F H L J I A S H P K C
K E Ç I D J Q D E G B Q Z P
U D A P K Z C O F T O H U M
B V D M F P V C L S T D G S
H S A M A N H I M I M H E F
Q I P Y U E Z H E Ş E K M H
J U O A U E M K T T I C H F
```

ARI
TARIM
SU
PIRINÇ
EŞEK
AT
KEÇI
ALAN
KARGA
GÜBRE

KEDİ
SAMAN
BAL
KÖPEK
TAVUK
TOHUM
BUZAĞI
KARA
İNEK
ÇIT

13 - Camping

Ç	M	O	K	P	U	S	U	L	A	F	Y	T	H
A	C	S	R	V	M	D	I	B	Y	A	U	V	I
D	A	Ğ	T	M	H	A	R	İ	T	A	T	H	K
I	F	R	F	P	A	V	C	I	L	I	K	Z	V
R	C	Z	N	C	G	N	V	E	F	R	M	F	T
Y	L	H	O	B	Ö	C	E	K	R	M	E	E	Q
G	D	P	A	P	L	H	H	A	M	A	K	N	Z
V	O	Ş	A	P	K	A	A	B	O	Ğ	A	E	R
A	Ğ	O	Q	F	F	P	T	İ	B	A	N	R	N
J	A	Q	J	J	R	R	E	N	F	Ç	O	V	F
I	F	T	R	L	D	Z	Ş	F	L	L	D	M	I
I	P	R	J	H	C	S	T	V	N	A	R	P	K
H	A	Y	V	A	N	L	A	R	J	R	P	U	M
P	K	D	G	M	T	J	M	Y	D	A	D	T	V

HAYVANLAR
MACERA
AĞAÇLAR
ORMAN
PUSULA
KABİN
KANO
ÇADIR
AVCILIK
IP

ATEŞ
HAMAK
BÖCEK
GÖL
FENER
AY
HARİTA
DAĞ
DOĞA
ŞAPKA

14 - Fruta

```
K  P  A  P  A  Y  A  Y  R  N  A  T  S  T
K  İ  B  I  H  K  T  T  Q  Y  V  A  S  U
F  Y  V  B  U  G  A  N  J  F  O  O  Z  I
Q  R  D  İ  D  E  S  V  T  E  K  Z  B  H
C  H  Ü  J  U  L  B  D  U  T  A  E  U  Z
R  C  Z  E  D  M  C  H  R  N  D  P  A  Q
Ş  V  Ü  I  U  D  R  B  U  F  O  P  C  V
E  L  M  A  U  A  R  H  N  M  A  N  G  O
F  R  G  A  R  M  U  T  C  M  U  Z  V  C
T  P  I  I  Q  Z  F  A  U  U  C  K  N  Z
A  O  S  K  K  A  Y  I  S  I  M  U  P  E
L  İ  M  O  N  R  K  M  A  N  A  N  A  S
I  A  S  E  J  N  E  K  T  A  R  O  H  R
K  I  R  A  Z  D  O  G  U  A  V  A  L  U
```

AVOKADO	ELMA
KAYISI	ŞEFTALI
DUT	KAVUN
KIRAZ	TURUNCU
ERIK	NEKTAR
AHUDUDU	PAPAYA
GUAVA	ARMUT
KİVİ	ANANAS
LİMON	MUZ
MANGO	ÜZÜM

15 - Geología

```
H  M  U  O  T  U  P  A  S  A  R  K  I  T
D  E  P  R  E  M  C  Z  F  K  Z  A  O  I
Z  K  V  G  T  U  P  Y  K  R  C  L  N  M
G  A  M  E  R  C  A  N  I  İ  E  S  E  M
V  T  A  S  İ  T  L  K  T  S  I  İ  R  İ
Y  M  Ğ  Y  N  A  P  A  A  T  L  Y  O  N
H  A  A  F  A  Ş  A  A  V  A  T  U  Z  E
E  N  R  T  O  Y  S  R  B  L  V  M  Y  R
T  Z  A  E  O  S  L  B  Ö  L  G  E  O  A
H  N  Q  P  L  C  İ  A  J  E  H  L  N  L
V  O  L  K  A  N  Q  L  F  R  N  C  G  L
K  U  V  A  R  S  D  E  R  L  R  B  S  E
G  I  F  J  C  H  P  U  G  A  Y  Z  E  R
E  O  I  A  M  N  H  T  S  F  O  Y  H  P
```

ASİT	FOSİL
KALSİYUM	GAYZER
KATMAN	LAV
MAĞARA	YAYLA
KITA	MİNERALLER
MERCAN	TAŞ
KRİSTALLER	TUZ
KUVARS	DEPREM
EROZYON	VOLKAN
SARKIT	BÖLGE

16 - Plantas

```
P N F L J Y O S U N S Z I B
Y D Z Y G E T V V P I F G A
S A R M A Ş I K F L O R A H
B A M B U İ Ç A L I L F U Ç
İ O U L P L B D A P G A D E
T D T Z G L K A K T Ü S U D
K P C A Ü İ A U H T B U T E
İ S T A N K G Ğ O O R L Y S
Ö M V S E İ C D A G E Y A J
R Y G P Ş K K I J Ç D E P K
T G O R M A N Ç I Ç E K R Ö
Ü N Y B K L A I D M N A A K
S T P U Z I A A V A N E K P
Ü C O G E S D I T E O N U H
```

ÇALI	YEŞİLLİK
AĞAÇ	FASULYE
BAMBU	SARMAŞIK
DUT	OT
ORMAN	BAHÇE
BOTANİK	YOSUN
KAKTÜS	YAPRAK
GÜBRE	KÖK
ÇİÇEK	GÜNEŞ
FLORA	BİTKİ ÖRTÜSÜ

17 - Suministros de Arte

```
J  G  Y  A  Ğ  P  F  F  M  E  U  O  Y  R
K  A  L  E  M  L  E  R  K  B  H  F  A  J
V  A  F  L  Q  J  F  F  P  C  O  R  R  E
L  S  M  F  I  R  Ç  A  L  A  R  P  A  G
R  U  J  E  B  P  V  Ş  M  A  S  A  T  K
E  L  L  B  R  N  Z  Ö  T  B  U  S  I  Â
N  U  T  V  M  A  I  V  E  C  H  T  C  Ğ
K  B  F  S  A  N  D  A  L  Y  E  E  I  I
O  O  T  U  T  K  A  L  G  U  V  L  L  T
N  Y  U  O  C  I  R  E  T  I  D  V  I  R
A  A  H  S  İ  L  G  İ  F  H  F  F  K  N
F  İ  K  İ  R  L  E  R  L  M  P  L  Y  H
M  Ü  R  E  K  K  E  P  G  İ  Z  F  I  M
K  Q  J  B  B  B  E  C  V  B  K  L  H  N
```

YAĞ	YARATICILIK
AKRİLİK	FİKİRLER
SULUBOYA	KALEMLER
SU	MASA
KIL	KÂĞIT
SİLGİ	PASTEL
ŞÖVALE	TUTKAL
KAMERA	SANDALYE
FIRÇALAR	MÜREKKEP
RENK	

18 - Jardín

```
F  R  T  Q  T  K  M  H  N  H  M  Z  V  H
R  K  M  A  R  Ç  Ü  F  D  A  S  M  A  Q
T  A  A  F  A  S  I  R  G  M  R  H  K  E
A  R  H  P  M  U  F  Ç  E  A  Q  M  N  G
Ğ  A  O  Z  B  R  O  E  E  K  R  V  T  T
A  Z  G  R  O  J  O  R  R  K  Ç  A  A  E
Ç  R  Z  H  L  L  T  Q  K  U  A  M  J  R
V  B  K  Ç  İ  D  L  I  N  G  L  N  Z  A
F  V  C  I  N  B  A  H  Ç  E  I  G  T  S
U  S  Z  T  B  U  R  O  I  M  B  F  U  M
T  O  P  R  A  K  Q  R  M  G  Ö  L  E  T
V  E  R  A  N  D  A  T  E  Y  M  P  Q  M
H  N  F  Y  K  R  H  U  N  Z  I  U  D  O
Q  L  D  V  P  I  V  M  T  I  R  M  I  K
```

ÇALI	HORTUM
AĞAÇ	KÜREK
BANK	VERANDA
GÖLET	TIRMIK
ÇİÇEK	TOPRAK
GARAJ	TERAS
HAMAK	TRAMBOLİN
ÇİMEN	ÇİT
BAHÇE	ASMA
OTLAR	

19 - Países #2

```
J  U  Q  F  D  S  E  M  E  K  S  İ  K  A
A  K  L  Q  F  A  U  T  U  G  A  N  D  A
M  R  P  J  R  D  N  D  İ  Y  P  J  S  L
A  A  O  S  A  A  R  İ  A  Y  B  S  U  A
İ  Y  R  D  N  V  S  H  M  N  O  U  R  Y
K  N  T  O  S  U  P  Z  A  A  L  P  İ  U
A  A  E  M  A  S  L  M  V  Q  R  Z  Y  N
P  A  K  I  S  T  A  N  U  Y  Y  K  E  A
O  P  İ  T  Y  R  O  J  S  Z  S  H  A  N
J  T  Z  V  D  A  S  C  T  Z  N  O  A  I
K  R  Q  C  E  L  B  F  U  H  U  T  S  S
J  A  P  O  N  Y  A  P  R  H  J  U  Q  T
Q  R  U  S  Y  A  Y  E  Y  M  K  O  D  A
İ  R  L  A  N  D  A  O  A  C  R  I  B  N
```

AVUSTRALYA	LAOS
AVUSTURYA	MEKSİKA
DANİMARKA	PAKISTAN
ETİYOPYA	PORTEKİZ
FRANSA	RUSYA
YUNANISTAN	SURİYE
İRLANDA	SUDAN
JAMAİKA	UKRAYNA
JAPONYA	UGANDA

20 - Tecnología

```
A  İ  M  G  C  D  D  V  G  İ  C  B  C  K
U  R  U  Q  E  B  T  A  R  A  Y  I  C  I
Q  D  A  K  M  Y  D  V  E  R  İ  L  K  F
R  O  U  Ş  V  İ  R  Ü  S  S  E  G  A  İ
İ  S  T  A  T  İ  S  T  İ  K  R  İ  M  N
M  Y  I  G  T  I  N  A  A  S  E  S  E  T
L  A  B  Ü  Y  Q  R  A  H  A  R  A  R  E
E  A  A  V  A  D  R  M  M  N  R  Y  A  R
Ç  A  Y  E  Z  İ  G  E  A  A  C  A  R  N
H  E  T  N  İ  J  V  S  D  L  M  R  J  E
J  K  P  L  L  İ  T  A  E  K  R  A  N  T
N  D  T  I  I  T  E  J  Y  H  P  L  Y  H
A  L  U  K  M  A  J  N  V  Q  O  Q  J  D
J  İ  P  I  B  L  O  G  A  M  K  G  D  K
```

DOSYA	ARAŞTIRMA
BLOG	MESAJ
BAYT	TARAYICI
KAMERA	BILGISAYAR
İMLEÇ	EKRAN
VERI	GÜVENLIK
DİJİTAL	YAZILIM
İSTATİSTİK	SANAL
İNTERNET	VİRÜS

21 - Números

R	I	M	A	B	Y	O	N	S	E	K	I	Z	E
K	L	F	T	S	E	K	İ	Z	A	M	D	M	E
L	B	K	F	O	D	Ş	B	O	Q	K	J	B	J
T	Z	U	Q	D	İ	O	O	N	D	A	L	I	K
P	J	V	K	H	H	O	N	D	M	S	B	R	2
S	O	A	K	G	M	L	Ü	Ö	T	F	G	O	H
C	N	K	C	S	R	D	Ç	R	Y	O	S	Y	G
S	I	S	L	Y	O	O	O	T	N	H	I	P	R
V	K	N	H	S	N	K	N	H	M	D	F	Y	B
G	I	E	H	N	Y	U	D	A	A	Ö	I	A	C
A	L	T	I	Y	E	Z	O	C	L	R	R	G	M
E	C	O	R	K	D	J	K	N	E	T	Q	D	H
N	L	M	H	O	I	N	U	J	S	A	I	F	L
Y	İ	R	M	İ	F	D	Z	V	Ü	Ç	J	G	G

ON DÖRT	ON IKI
SIFIR	DOKUZ
BEŞ	SEKİZ
DÖRT	ALTI
ONDALIK	YEDİ
ON DOKUZ	ON ÜÇ
ONSEKIZ	ÜÇ
ON ALTI	BIR
ON YEDI	YİRMI
ON	

22 - Mitología

```
T H R C E N N E T E N V H G
D Y Y J R U Y Z D F Z D K Ö
K A L Z Y M N D C S F D U K
I K V A A U N Q T A U J V G
S A C R R N U L O N S Y V Ü
K H A Y A E I Y Ö E M A E R
A R N I T N K Ü L T Ü R T Ü
N A A L I Z I G Ü Z B A K L
Ç M V D L Q H Ş M K S T K T
L A A I I Y E H L C O I C Ü
I N R R Ş N Z U Ü M B K U S
K Q N I A A S A V A Ş Ç I Ü
Ö L Ü M S Ü Z L Ü K S I L H
L A B İ R E N T I N A N Ç J
```

NUMUNE	SAVAŞÇI
KISKANÇLIK	KAHRAMAN
CENNET	ÖLÜMSÜZLÜK
DAVRANIŞ	LABİRENT
YARATILIŞ	EFSANE
INANÇ	CANAVAR
YARATIK	ÖLÜMLÜ
KÜLTÜR	YILDIRIM
KUVVET	GÖK GÜRÜLTÜSÜ

23 - Ecología

```
B F D O Ğ A L I Z Q Ç D F B
Z İ L E E H Q P U U E A A A
Y G T O N I K L I M Ş Ğ U T
Z K Z K R İ Z B K I I L N A
F Ü K L İ A Z E U K T A A K
C R A A Z Ö B K Q R L R T L
J E Y E K U R A K L I K O I
C S N T M I D T L Q L L P K
D E A V Y L L I Ü A I T L A
Q L K E Y C Q R Z S K L U L
F Z L D O Ğ A G Ö N Ü L L Ü
T P A B İ T K İ L E R E U Y
K T R J B T Y S S G I T K U
E M I V Q H B A E I N C U R
```

IKLIM
TOPLULUK
ÇEŞITLILIK
FAUNA
FLORA
KÜRESEL
DENİZ
DAĞLAR
DOĞAL

DOĞA
BATAKLIK
BİTKİLER
KAYNAKLAR
KURAKLIK
BEKA
BİTKİ ÖRTÜSÜ
GÖNÜLLÜ

24 - Herramientas

```
Ç  E  K  I  Ç  F  V  S  F  P  Q  N  Y  M
V  I  D  A  M  E  Ş  A  L  E  S  H  J  E
R  P  L  J  B  A  L  T  A  T  C  T  İ  R
J  S  T  T  S  L  U  V  H  G  Q  U  L  D
M  M  U  D  B  Y  O  P  T  B  T  J  E  I
B  K  T  S  I  F  C  E  T  V  E  L  T  V
H  H  K  E  Ç  P  M  N  M  A  K  A  S  E
K  C  A  L  A  P  G  S  M  P  E  A  P  N
E  Ü  L  D  K  R  H  E  Q  T  R  A  I  J
Y  P  R  M  T  F  R  Y  H  B  L  R  K  N
P  E  O  E  J  V  J  O  N  Q  E  C  N  E
J  S  C  H  K  F  J  N  K  H  K  G  N  N
Q  T  J  T  Q  E  O  G  Z  I  M  B  A  Q
F  G  S  H  F  F  E  S  E  Q  B  Z  A  V
```

PENSE	ÇEKIÇ
MEŞALE	JİLET
KABLO	KÜREK
BIÇAK	TUTKAL
IP	CETVEL
MERDIVEN	TEKERLEK
ZIMBA	MAKAS
BALTA	VIDA

25 - Casa

```
J U F M U S L U K H J L F G
U L I D U Ş N G A R A J J M
Z A Y J T T Q A P H B H L K
L M K D K E F B I B G V P İ
Ç B O D R U M A I R Z I I L
A A I V Q C B H K V Ç L K İ
S B T Q B P N Ç A T I P D M
Z Ü O I J M M E Y O T N N P
E I P Y K K Ü T Ü P H A N E
M C L Ü E A D U V A R Y Z N
I Q H S R T T S Z A Y N A C
N C F V Y G Q I Q J T O P E
L G B A C A E H Q L O S P R
Y A T A K O D A S I S E H E
```

KİLİM	MUSLUK
ÇATI KATI	BAHÇE
KÜTÜPHANE	LAMBA
BACA	DUVAR
MUTFAK	ZEMIN
YATAK ODASI	KAPI
DUŞ	BODRUM
SÜPÜRGE	ÇATI
AYNA	ÇIT
GARAJ	PENCERE

26 - Artes Visuales

```
C M Q M A A Ş S S E E S B N
F D V N T E Ö A C Z C Y Y F
P O N I F N V N S A H I Y I
G E T Y T J A A A Ş T H J D
G E R O A E L T K A L E M L
O H R S Ğ R E Ç F B U J S T
R Q L R P R A I B L I E B H
A E F N C E A T P O R T R E
P K I L Z O K F I N K L K Y
B A L M U M U T T C K J M K
N V M İ M A R İ I O I J Q E
B O Y A M A T A D F S L C L
P E M J B A Ş Y A P I T I O
D K O M P O Z I S Y O N N K
```

KIL
MİMARİ
SANATÇI
ŞÖVALE
BALMUMU
KOMPOZISYON
YARATICILIK
HEYKEL

FOTOĞRAF
KALEM
BAŞYAPIT
FILM
PERSPEKTIF
BOYAMA
ŞABLON
PORTRE

27 - Escuela #2

```
K Ü T Ü P H A N E K M N E S
A İ E B I L I M T Â A B Z I
L O T A K V I M N Ğ K K N R
E Y V A G D F J H I A N L T
M U B E P O C V E T S D E Ç
R N M B I L G I S A Y A R A
E L S H D A A O T O B Ü S N
Q A Ö G O Ö Ğ R E T M E N T
S R Z A K A D E M I K F A A
S İ L G İ G E R E Ç L E R S
K A Ü D İ L B İ L G İ S İ I
V O K U M A E D E B İ Y A T
E Ğ İ T İ M G F B Y O D G E
T A Z S L G P Y A O G E I P
```

AKADEMIK	KALEM
OTOBÜS	OKUMA
KÜTÜPHANE	KİTAPLAR
SİLGİ	EDEBIYAT
TAKVIM	SIRT ÇANTASI
BILIM	BILGISAYAR
SÖZLÜK	KÂĞIT
EĞITIM	ÖĞRETMEN
DİLBİLGİSİ	GEREÇLER
OYUNLAR	MAKAS

28 - Selva Tropical

```
E  B  D  S  A  Y  G  I  B  F  R  O  D  N
D  Y  O  S  U  N  M  J  O  Q  E  R  J  Q
E  D  Ğ  B  E  K  A  M  T  G  S  M  C  Ç
H  H  A  S  I  Ğ  I  N  A  K  T  A  V  E
K  U  Ş  L  A  R  O  A  N  M  O  N  O  Ş
D  B  J  S  L  E  U  D  İ  E  R  S  Y  I
E  C  H  B  N  D  H  A  K  T  A  T  B  T
Ğ  P  V  U  U  G  Z  Q  G  E  S  O  Ö  L
E  M  E  M  E  L  İ  L  E  R  Y  P  C  I
R  L  N  C  P  N  U  N  T  J  O  L  E  L
L  J  M  I  K  K  K  T  P  L  N  U  K  I
I  H  I  Z  C  D  N  P  L  A  H  L  L  K
K  R  I  K  L  I  M  G  B  A  H  U  E  U
K  O  R  U  M  A  J  N  Y  U  R  K  R  M
```

BOTANİK	KUŞLAR
IKLIM	KORUMA
TOPLULUK	SIĞINAK
ÇEŞITLILIK	SAYGI
BÖCEKLER	RESTORASYON
MEMELİLER	ORMAN
YOSUN	BEKA
DOĞA	DEĞERLI
BULUTLAR	

29 - Colores

```
I C R F G I Q Q Z S Q C S B
I E B T U R U N C U E Y T P
S Y E B S B I J F L P P G K
A Y J Z E Y G Y E S E P Y M
R E F U Ş Y A P F N M O R A
I Ş H R M C A M G Ö B E Ğ I
K I R M I Z I Z K A E P S L
Q L K A H V E R E N G I I Y
M E N E K Ş E O R M R T Y C
I D J I C P D C C O K B A F
R K Y Y S M A V I G S G H T
P D O Y L B R L K D M N C H
P U K V M O N R Q H U B P Y
K Z D C Z L M N J N C J S P
```

SARI	TURUNCU
MAVI	SIYAH
BEJ	MOR
BEYAZ	KIRMIZI
CAMGÖBEĞI	PEMBE
FUŞYA	SEPYA
GRI	YEŞIL
KAHVERENGI	MENEKŞE

30 - Adjetivos #1

```
E  C  Q  D  K  E  Ö  N  E  M  L  I  K  B
P  T  C  R  A  G  G  E  N  Ç  D  E  U  E
T  J  K  O  R  Z  A  D  N  L  U  U  S  C
A  H  V  I  A  O  S  N  L  N  Y  O  U  Ö
U  T  B  B  N  T  P  A  R  L  A  K  R  M
H  I  R  S  L  I  P  M  C  A  Ğ  T  S  E
B  J  A  E  I  K  L  U  M  R  I  M  U  R
M  S  Y  M  K  J  V  T  D  O  R  R  Z  T
G  I  K  A  J  P  M  L  E  M  D  Ç  O  O
K  K  Y  Z  N  C  F  A  Ğ  A  Ü  E  K  I
K  O  C  A  M  A  N  K  E  T  R  K  R  B
U  Z  G  J  V  L  N  L  R  İ  Ü  I  M  N
B  Ü  Y  Ü  K  A  F  D  L  K  S  C  C  K
M  A  S  U  M  M  Ş  B  I  P  T  I  J  H
```

MUTLAK	DÜRÜST
ETKIN	ÖNEMLI
HIRSLI	MASUM
AROMATİK	GENÇ
ÇEKICI	YAVAŞ
PARLAK	MODERN
KOCAMAN	KARANLIK
EGZOTIK	KUSURSUZ
CÖMERT	AĞIR
BÜYÜK	DEĞERLI

31 - Familia

```
K  F  K  Ç  Y  F  V  R  T  L  B  V  N  Ç
L  O  U  O  O  R  I  S  D  E  Ü  T  E  O
T  F  Z  C  I  V  J  A  T  Y  Y  C  T  C
O  A  E  U  U  O  B  Y  R  E  Ü  Z  Q  U
R  V  N  K  İ  B  A  B  A  Ğ  K  Ç  E  K
U  O  M  L  Y  K  P  T  N  E  A  O  R  B
N  M  Q  U  M  U  İ  D  N  N  N  C  K  Ü
R  D  U  K  I  P  S  Z  E  S  N  U  E  Y
K  I  Z  E  V  L  A  T  L  Z  E  K  K  Ü
U  L  I  V  C  M  T  K  A  E  S  L  Y  K
C  D  K  O  C  A  A  M  C  A  R  A  E  B
E  R  K  E  K  K  A  R  D  E  Ş  R  Ğ  A
K  A  D  I  N  E  Ş  G  V  P  O  M  E  B
K  I  Z  K  A  R  D  E  Ş  J  V  E  N  A
```

BÜYÜKANNE	KOCA
BÜYÜK BABA	TORUN
ATA	ÇOCUK
KADIN EŞ	ÇOCUKLAR
İKİZLER	BABA
KIZ KARDEŞ	KUZEN
ERKEK KARDEŞ	YEĞEN
KIZ EVLAT	ERKEK YEĞEN
ÇOCUKLUK	TEYZE
ANNE	AMCA

32 - Disciplinas Científicas

```
B O T A N İ K B F D T M A N
B İ Y O L O J İ İ İ E İ S Ö
A P A H K L Z Y Z L R N T R
P M R O İ E E O Y B M E R O
M E K A N İ K O İ O R O L
S T E N N M O İ L L D A N O
O E O A K M L M O İ İ L O J
S O L T I Ü O Y J M N O M İ
Y R O O M N J A İ E A J İ G
O O J M Y O İ V Q P M İ Z V
L L İ İ A L O P G V İ H B L
O O G Z O O L O J İ K A O G
J J O Q L J E O L O J İ R D
İ İ G P S İ K O L O J İ I T
```

ANATOMİ	DİLBİLİM
ARKEOLOJİ	MEKANİK
ASTRONOMİ	METEOROLOJİ
BİYOLOJİ	MİNERALOJİ
BİYOKİMYA	NÖROLOJİ
BOTANİK	PSİKOLOJİ
EKOLOJİ	KIMYA
FİZYOLOJİ	SOSYOLOJİ
JEOLOJİ	TERMODİNAMİK
İMMÜNOLOJİ	ZOOLOJİ

33 - Gatos

```
I  Y  S  G  O  U  H  Y  Q  H  Y  B  M  N
F  U  Z  E  S  O  J  D  E  L  İ  Q  E  Y
A  V  C  I  V  L  E  I  G  T  J  D  R  T
R  B  K  B  U  E  Y  S  L  K  N  N  A  E
E  A  G  G  F  F  C  K  J  U  B  J  K  H
H  Ğ  V  A  H  Ş  İ  E  N  Y  K  E  L  B
K  I  D  E  J  Z  K  G  N  R  I  K  I  A
R  M  Z  C  U  V  O  P  R  U  Ş  Ü  U  K
A  S  E  L  J  I  P  L  I  K  I  Ç  T  P
N  I  V  C  I  A  E  E  L  N  L  Ü  A  M
A  Z  U  Y  K  U  Q  S  N  L  I  K  N  S
D  Q  K  L  Ü  S  D  N  B  Ç  K  R  G  C
T  E  O  E  R  C  D  D  G  B  E  L  A  J
V  G  H  E  K  C  R  I  O  A  R  N  Ç  E
```

SEVECEN	PENÇE
AVCI	KIŞILIK
KUYRUK	KÜRK
MERAKLI	KÜÇÜK
UYKU	FARE
IPLIK	HIZLI
BAĞIMSIZ	VAHŞİ
DELİ	UTANGAÇ

34 - Cocina

```
L O G Z P A T A S Ü R A H I
R F V E Y E M E K Ü Y L F O
D L R B H H Ç Y E Ö N L Ü K
G I D A O B K E P Ç E G H K
Q O G R B K A Q T Q E F E V
H O F D K A V H J E Q N M R
S L E A A Ş A C A O L Q R M
U S Z K Z I N H G R U V H B
G B I Ç A K O E T Z A F E A
D S K Q N U Z D R Y D T J U
Ç A T A L L A R I Z G A R A
D O N D U R U C U L Q N L U
L S F I R I N Y I Y K P K D
K S K P B U Z D O L A B I T
```

KAZAN	FIRIN
YEMEK	SÜRAHI
GIDA	IZGARA
DONDURUCU	BUZDOLABI
KAŞIK	PEÇETE
KEPÇE	KAVANOZ
BIÇAK	BARDAK
ÖNLÜK	TAS
BAHARAT	ÇATALLAR
SÜNGER	

35 - Escuela #1

```
H A U M A C K C U K K S Y A
E Z S T Y S Â İ Y U Ü I A L
K Ğ Y E Y N Ğ M T H T N Z F
A K L O S H I A O A Ü A M A
L Y H E I J T T O H P V A B
E P G N N F F E K S H L K E
M A S A I C F M U D A O A J
L H P A F M E A M D N V B R
E S H Y Y E U T A C E V A P
R T J Q K I R İ K U S Q I U
A K A L E M L K K L A S Ö R
Z J C Q J P D A Q L E O P I
Ö Ğ R E N M E K R E L D D V
P B N A R K A D A Ş L A R H
```

ALFABE	SINAV
ARKADAŞLAR	KALEM
ÖĞRENMEK	OKUMAK
SINIF	KİTAPLAR
KÜTÜPHANE	MATEMATİK
KLASÖR	SAYILAR
EĞLENCE	KÂĞIT
YAZMAK	KALEMLER
MASA	CEVAP

36 - Adjetivos #2

```
D  B  U  K  H  B  D  F  L  E  L  Q  R  H
Y  V  A  P  I  S  O  R  U  M  L  U  V  V
N  O  R  M  A  L  V  F  A  G  A  J  R  S
Y  A  R  A  T  I  C  I  U  M  S  T  L  A
I  S  P  E  N  T  E  R  E  S  A  N  M  Ğ
Y  E  N  I  L  E  B  I  L  I  R  T  B  L
E  G  Ü  Ç  L  Ü  I  Z  P  N  B  U  İ  I
N  G  U  R  U  R  L  U  A  V  Y  Z  Ü  K
I  Ü  R  E  T  K  E  N  T  R  V  L  N  L
T  L  I  H  D  O  Ğ  A  L  A  I  U  L  I
N  A  H  J  I  Z  Z  D  C  U  Z  F  Ü  K
Y  O  R  G  U  N  O  U  T  Y  Z  E  L  U
S  H  G  O  B  A  H  A  R  A  T  L  I  R
A  Ç  I  K  L  A  Y  I  C  I  V  L  C  U
```

YORGUN	DOĞAL
YENILEBILIR	NORMAL
YARATICI	YENI
AÇIKLAYICI	GURURLU
DRAMATİK	BAHARATLI
ZARIF	ÜRETKEN
ÜNLÜ	SORUMLU
TAZE	TUZLU
GÜÇLÜ	SAĞLIKLI
ENTERESAN	KURU

37 - Cuerpo Humano

```
I  K  A  N  B  A  C  A  K  P  U  A  P  D
L  U  H  J  O  Ç  E  N  E  R  O  I  A  I
F  L  D  I  Y  D  I  K  K  K  N  F  R  C
K  A  L  P  U  P  E  J  A  V  D  Y  M  U
T  K  Y  G  N  F  O  N  Y  R  Q  A  A  G
N  B  E  T  Ö  T  M  V  A  J  M  D  K  Z
U  K  A  Ğ  I  Z  U  E  K  L  U  I  Y  R
M  B  B  Ş  J  F  Z  L  B  R  F  R  I  Y
M  U  E  I  U  D  Y  F  I  S  V  S  Y  I
L  R  Y  L  U  I  Z  J  L  Y  O  E  Ü  Z
K  U  I  S  M  T  Y  C  E  Z  A  K  Z  C
J  N  N  B  D  I  Z  I  Ğ  L  B  D  O  T
Z  Z  G  D  I  L  R  L  I  J  A  Y  G  I
Q  A  U  D  L  Y  I  T  V  O  S  N  S  M
```

ÇENE	DIL
AĞIZ	EL
BAŞ	BURUN
YÜZ	GÖZ
BEYIN	KULAK
DIRSEK	CILT
KALP	BACAK
BOYUN	DIZ
PARMAK	KAN
OMUZ	AYAK BILEĞI

38 - Ciencia

```
I  F  M  H  M  Y  Y  Ö  N  T  E  M  L  R
K  İ  O  I  İ  D  E  O  P  B  Y  M  U  L
L  Z  L  P  N  O  R  G  A  N  İ  Z  M  A
I  İ  E  O  E  Ğ  Ç  E  R  T  M  G  K  B
M  K  K  T  R  A  E  V  Ç  P  Q  Ö  I  O
A  N  Ü  E  A  J  K  R  A  Z  F  Z  M  R
B  T  L  Z  L  R  İ  I  C  L  S  L  Y  A
G  İ  O  R  L  T  M  M  I  O  Y  E  A  T
E  G  T  M  E  B  İ  J  K  N  A  M  S  U
R  N  H  K  R  Y  P  I  L  V  O  I  A  V
Ç  F  O  S  İ  L  F  B  A  C  E  C  L  A
E  M  S  E  T  L  D  U  R  G  K  R  G  R
K  V  D  P  I  D  E  N  E  Y  E  V  I  P
O  V  D  T  I  Z  M  R  M  R  J  A  S  F
```

ATOM	LABORATUVAR
IKLIM	YÖNTEM
VERI	MİNERALLER
EVRIM	MOLEKÜL
DENEY	DOĞA
FİZİK	GÖZLEM
FOSİL	ORGANIZMA
YERÇEKİMİ	PARÇACIKLAR
GERÇEK	BİTKİLER
HIPOTEZ	KIMYASAL

39 - Dinosaurios

```
B E N F O S İ L L E R O P K
J R I I M J I O B V Z T R Ö
D H O F E G R Y O R Q Ç E T
Z K U Y R U K F Y I D U H Ü
M A M U T Q A M U M V L İ I
B Y Z A T T Y B T Z D M S T
S B T I O K K G Ü Ç L Ü T T
R O Z K P M A C L Y Y G O D
S L S Ü R Ü N G E N Ü I R D
E M A H A R A İ J Q R K İ S
L A O V K R T H V O C E K Z
T I T B P H L G H O R O G P
H Z H D E V A S A A R D N B
T V V P V Q R H V R U E U M
```

KANATLAR
KUYRUK
KAYBOLMA
DEVASA
EVRIM
FOSİLLER
BÜYÜK
OTÇUL
MAMUT

OMNİVORE
GÜÇLÜ
PREHİSTORİK
AV
SÜRÜNGEN
BOYUT
TOPRAK
KÖTÜ

40 - Restaurante #2

```
C K O B O M R J M P P M S S
T T B A Z U S O C E M E A E
C I U H L C K I C K Z V N B
J U R A O E K R E A Q E D Z
Y O A R A D Z P D Ş G Z A E
V Z B A H S H Z F I N I L L
U G E T S U Z B E K O I Y E
F Y B F N K V O U T A Q E R
H S M Ç A T A L U D L K F M
J A J C O G A R S O N I M E
N L M G Q R Y U M U R T A Y
K A S L A O B A L I K N T V
R T U Z K E K A E R İ Ş T E
R A H Q Q T R K U G B U Z K
```

SU	BUZ
MEZE	YUMURTA
GARSON	KEK
KAŞIK	BALIK
LEZZETLI	TUZ
SALATA	SANDALYE
BAHARAT	ÇORBA
ERİŞTE	ÇATAL
MEYVE	SEBZELER

41 - Profesiones #1

```
D A S T R O N O M U O Q M J
P V V T E S I S A T Ç I Ü P
T C D U E I A P B A V E Z P
B I H S K B V S U J M S İ H
L Q P İ Y A N İ S T M I S A
B Q C A K N T K A O R J Y R
E Ü R V B K G O Z N L A E I
K D Y U S A U L E E Z J N T
U A İ Ü H C O O A T L E T A
Y N O T K I G G F H R O O C
U S L P Ö E A D D N I L J I
M Ç D R C R L M Z N E O N Y
C I P L M O T Ç Y A N G T A
U D O K T O R S İ N T K O Ç
```

AVUKAT	BÜYÜKELÇİ
ASTRONOM	KOÇ
ATLET	TESİSATÇI
DANSÇI	JEOLOG
BANKACI	KUYUMCU
HARITACI	MÜZİSYEN
AVCI	PİYANİST
DOKTOR	PSİKOLOG
EDİTÖR	

42 - Vehículos

```
M C K A M Y O N B F L V O Q
T C E F T I G T I E A E E F
C B R Y V O Q N S R S Q K L
A J V S A L M S I İ T B G I
M Q A A N H V O K B İ D G A
D E N H M Y U V L O K I M M
B J T L G V Ç R E T L O F B
O M A R A B A F T R E N P U
B T H U O I K A Z R R P E L
Q O O H E L İ K O P T E R A
J T T B D E N İ Z A L T I N
L K E M Ü O T R A K T Ö R S
C J H T F S M O T O R N M N
R O K E T T A K S İ Q C L N
```

AMBULANS	FERİBOT
OTOBÜS	VAN
UÇAK	HELİKOPTER
SAL	METRO
BOT	MOTOR
BISIKLET	LASTİKLER
KAMYON	DENİZALTI
KERVAN	TAKSİ
ARABA	TRAKTÖR
ROKET	TREN

43 - Vacaciones #2

```
Y  A  B  A  N  C  I  A  V  L  H  P  Ç  R
P  Z  P  S  K  D  T  D  D  P  P  A  A  E
S  L  E  C  U  M  T  A  K  S  İ  S  D  S
A  H  A  K  Y  V  S  O  T  T  F  A  I  T
F  C  B  J  H  H  E  D  E  F  D  P  R  O
T  A  Ş  I  M  A  C  I  L  I  K  O  B  R
B  D  P  U  L  F  V  İ  Z  E  H  R  D  A
B  I  N  E  S  E  Y  A  H  A  T  T  A  N
F  O  T  O  Ğ  R  A  F  L  A  R  I  Ğ  D
J  A  Ş  K  M  V  T  B  V  İ  H  J  L  E
J  L  B  A  O  T  R  T  H  V  M  D  A  N
H  A  R  İ  T  A  E  P  C  B  A  A  R  I
H  H  F  J  E  T  N  M  R  Y  V  O  N  Z
T  B  R  I  L  K  G  O  P  I  F  B  I  I
```

HAVALİMANI	BOŞ
ÇADIR	PASAPORT
HEDEF	PLAJ
YABANCI	RESTORAN
FOTOĞRAFLAR	TAKSİ
OTEL	TAŞIMACILIK
ADA	TREN
HARİTA	SEYAHAT
DENIZ	VİZE
DAĞLAR	

44 - Cumpleaños

```
D  G  M  U  M  Q  Ö  J  K  C  F  Y  C  Q
G  O  E  M  M  J  Ğ  C  U  Z  A  M  A  N
Ü  J  Ğ  N  M  G  R  Z  T  H  V  T  Q  G
N  I  F  M  Ç  K  E  Ğ  L  E  N  C  E  B
T  Y  I  I  U  D  N  J  A  D  E  F  D  I
C  F  L  E  F  Ş  M  O  M  I  Ş  N  M  L
M  K  O  G  R  Ö  E  F  A  Y  E  G  U  G
U  E  V  O  M  Z  K  Ş  N  E  L  F  M  E
T  K  E  C  S  E  T  A  K  V  I  M  L  L
L  P  K  Y  I  L  A  R  S  T  N  J  A  I
U  F  N  A  M  U  M  K  A  R  U  E  R  K
Q  N  A  T  R  E  U  I  L  K  D  F  G  G
L  T  V  F  S  T  A  R  A  F  E  L  M  H
N  R  C  A  R  K  A  D  A  Ş  L  A  R  Z
```

NEŞELI	MUTLU
ARKADAŞLAR	GENÇ
YIL	DOĞMUŞ
ÖĞRENMEK	TARAF
TAKVIM	KEK
ŞARKI	HEDIYE
KUTLAMA	BILGELIK
EĞLENCE	KART
GÜN	ZAMAN
ÖZEL	MUMLAR

45 - Baile

```
M N P R O V A D H H G S K T
N Y Y G İ Z F G C A E R Ü T
M V O G B T O Z V R L K L K
S V B D G K İ C Ü E E Y T Ü
V A Y A F O S M C K N B Ü L
J N N K P R D S U E E N R T
A L E A D E F R T T K K E Ü
H A Ş D T O D I R V S D L R
N M E E U G K U D N E U Ü K
Q L L M B R B N R B L Y T L
C I I İ I A B B Q U H G U A
O R T A K F D A B M Ş U F S
M Ü Z I K İ G Ö R S E L L İ
F H F M G K Z L A R Q V H K
```

AKADEMİ	ANLAMLI
NEŞELI	LÜTUF
SANAT	HAREKET
KLASİK	MÜZIK
KOREOGRAFİ	DURUŞ
VÜCUT	RİTİM
KÜLTÜR	ORTAK
KÜLTÜREL	GELENEKSEL
DUYGU	GÖRSEL
PROVA	

46 - Matemáticas

```
O K H F L Ç O K G E N L B J
R D E N K A R E Ü T R C P E
F I T S A Y I L A R J S L R
K K K K I A Y A Y Y E İ O G
Ç D E D O R L Ç A P M M D B
E Ö G E N İ S I R O S E E G
V R H U D T Z L I S K T N E
R T V O A M B A Ç M G R K O
E G H R L E T R A I E İ L M
G E A O I T S B P U B R E E
L N C Z K İ K O Ş U T B M T
R N I J M K D Ü Ü Ç G E N R
D B M J B N S M S O K A G İ
P A R A L E L K E N A R N C
```

ARİTMETİK	SAYILAR
AÇILAR	KOŞUT
KARE	PARALELKENAR
ONDALIK	ÇEVRE
ÇAP	ÇOKGEN
DENKLEM	YARIÇAP
KÜRE	DIKDÖRTGEN
ÜS	SİMETRİ
KESIR	ÜÇGEN
GEOMETRİ	HACIM

47 - Restaurante #1

```
T L Q P E Ç E T E G I D A D
A A H Q K H I Y A N E S F F
S I V V M T A B A K T O O V
Z T P U E K R K F A A L B P
P T Z G K N V V D H H D B R
B A H A R A T L I V G L Q P
B I Ç A K H I M C E S Z Z S
S V N L B Y N J J P K K C M
Y D R E Z E R V A S Y O N U
G S L R A M T G I Y O U S T
B N F J K E E N M C G S N F
M D D İ P K H N I K F I Y A
T A T L I S Z U Ö O C F M K
C C M B A Y A N G A R S O N
```

ALERJİ	EKMEK
KAHVE	BAHARATLI
BAYAN GARSON	TABAK
ET	TAVUK
MUTFAK	TATLI
YEMEK	REZERVASYON
GIDA	SOS
BIÇAK	PEÇETE
MENÜ	TAS

48 - Profesiones #2

```
Z F A V G A P Z T Ö L A F M
S İ S B A I B P T Ğ Z Z O U
D L T A Z L G İ T R N L T C
U O R H E Q Y L K E G A O I
K Z O Ç T O D O K T O R Ğ T
T O N I E Ç R T Ü M V A R Z
M F O V C I E P T E D Ş A O
K Ü T A I Z S L Ü N E T F O
E O H N U E S Y P D D I Ç L
T C C E R R A H H I E R I O
U R T J N E M R A Ş K M A G
R Y P F B D Y A N Ç T A C E
I Z Z J R C I N E I İ C S G
B İ Y O L O G S T B F I K G
```

ASTRONOT
KÜTÜPHANE
BİYOLOG
CERRAH
DIŞÇI
DEDEKTİF
FİLOZOF
FOTOĞRAFÇI
ÇİZER
MÜHENDIS

MUCIT
ARAŞTIRMACI
BAHÇIVAN
DOKTOR
GAZETECI
PİLOT
RESSAM
ÖĞRETMEN
ZOOLOG

49 - Senderismo

```
T Y H T O K Y Z P G M P F H
H O P A R K L A R U O H U A
A R P Ş H B F Ğ K L G U T Y
R G B L L O Z I I K L I M V
İ U M A A D O R C R D O Ğ A
T N D R N G Ü N E Ş A B N
A F V O R S T F J Z B B Ğ L
O H N S H A Z I R L I K F A
J Z F V D R J O T B O U Q R
O R Y A N T A S Y O N Ç K S
B L R H E M E Z I J S U R H
O Q F Ş D Q F G N Z U R U G
I Q K İ I E K K C R C U I Y
K E L D M L M A L K Z M N T
```

UÇURUM	DOĞA
SU	ORYANTASYON
HAYVANLAR	PARKLAR
YORGUN	AĞIR
IKLIM	TAŞLAR
TOPLANTI	HAZIRLIK
HARİTA	VAHŞİ
DAĞ	GÜNEŞ

50 - Naturaleza

```
P  R  P  M  D  A  R  K  T  I  K  L  F  G
G  S  Y  E  Ş  İ  L  L  İ  K  L  F  I  Ü
B  H  A  Y  V  A  N  L  A  R  S  R  H  Z
U  U  R  H  V  G  V  A  H  Ş  İ  H  T  E
Z  Z  L  O  A  R  N  E  M  L  S  Ç  Ö  L
U  U  A  U  B  M  F  U  C  İ  O  Z  B  L
L  R  R  O  T  A  P  U  R  A  K  H  T  I
H  L  N  N  S  L  R  D  A  Ğ  L  A  R  K
P  U  C  Z  A  Y  A  I  C  Q  Z  Y  O  D
H  L  B  A  K  K  Z  R  N  Z  M  A  C  Q
T  R  O  P  İ  K  A  L  U  A  V  T  V  U
O  R  M  A  N  N  E  H  I  R  K  İ  I  P
E  R  O  Z  Y  O  N  Q  V  K  Y  V  C  Q
O  M  H  O  B  G  H  P  Q  A  M  J  R  Q
```

ARLAR	DAĞLAR
HAYVANLAR	SİS
ARKTIK	BULUTLAR
GÜZELLIK	HUZURLU
ORMAN	NEHIR
ÇÖL	VAHŞİ
DİNAMİK	BARINAK
EROZYON	SAKİN
YEŞİLLİK	TROPİKAL
BUZUL	HAYATİ

51 - Vacaciones #1

```
B  J  T  R  A  M  V  A  Y  O  Z  L  M  P
O  E  Y  A  R  N  G  H  M  V  Z  S  Ü  A
Y  I  H  H  A  S  S  Ü  V  C  H  D  Z  R
T  Y  F  A  B  Q  Ş  E  M  S  İ  Y  E  A
G  Ö  L  T  A  Y  E  N  E  R  B  J  E  B
U  I  U  L  U  A  P  U  K  B  Ü  Z  G  İ
Y  E  K  A  L  K  I  Ş  M  G  C  K  S  R
O  O  M  M  G  Ü  Z  E  R  G  A  H  E  İ
D  P  B  A  V  U  L  Z  N  B  B  O  F  M
S  I  R  T  Ç  A  N  T  A  S  I  U  E  İ
T  U  R  I  S  T  U  Z  T  Q  B  Ç  R  O
B  İ  L  E  T  M  U  O  H  G  K  A  Y  K
N  U  E  O  M  A  O  C  N  N  C  K  D  Y
R  G  Z  E  V  V  R  I  Z  J  B  Y  M  K
```

GÜMRÜK	SIRT ÇANTASI
UÇAK	PARA BİRİMİ
BİLET	MÜZE
ARABA	ŞEMSİYE
SEFER	RAHATLAMA
GÜZERGAH	KALKIŞ
GÖL	TRAMVAY
BAVUL	TURIST

52 - Conduciendo

```
B  T  Ü  N  E  L  U  K  F  J  N  Y  L  M
M  A  P  K  E  M  Y  N  F  G  Y  I  Y  J
O  Ş  U  P  M  Z  E  E  O  J  J  F  A  T
T  İ  L  O  O  A  İ  C  A  Y  E  R  Y  R
O  M  İ  L  T  T  E  H  L  İ  K  E  A  A
R  A  S  İ  O  G  S  İ  Z  E  Y  N  B  F
E  C  A  S  S  O  K  A  K  K  M  L  G  İ
I  İ  N  P  İ  S  A  H  R  U  P  E  B  K
G  L  S  Z  K  L  Z  A  F  A  İ  R  H  A
A  İ  U  L  L  Z  A  R  V  Q  B  L  Y  M
R  K  Z  N  E  M  N  İ  Y  E  T  A  M  Y
A  C  Q  S  T  J  F  T  H  I  Z  G  J  O
J  H  Y  A  K  I  T  A  A  A  C  O  A  N
O  Y  I  R  İ  P  H  A  J  D  L  İ  V  Z
```

KAZA	MOTOSİKLET
SOKAK	MOTOR
KAMYON	YAYA
ARABA	TEHLIKE
YAKIT	POLİS
FRENLER	EMNİYET
GARAJ	TAŞIMACILIK
GAZ	TRAFİK
LİSANS	TÜNEL
HARİTA	HIZ

53 - Ballet

```
Z  I  S  A  N  A  T  S  A  L  D  P  B  B
Y  A  T  E  K  N  İ  K  K  G  S  V  D  E
P  O  R  İ  T  İ  M  T  F  M  F  T  K  S
H  Z  Ğ  İ  Q  D  H  Q  L  Ü  B  S  J  T
A  K  F  U  F  A  L  S  U  Z  A  E  E  E
Q  Q  B  A  N  L  A  M  L  I  L  D  S  C
T  A  R  Z  J  L  Z  N  K  K  E  A  T  I
P  D  B  P  T  J  U  K  A  D  R  N  E  Z
T  Y  S  O  L  O  N  K  S  A  İ  S  S  L
O  R  K  E  S  T  R  A  L  Y  N  Ç  J  V
S  E  Y  I  R  C  I  E  A  L  K  I  Ş  M
L  P  G  Z  F  Z  K  V  R  F  M  L  V  M
P  B  L  J  K  O  R  E  O  G  R  A  F  İ
P  R  O  V  A  L  Z  B  E  C  E  R  I  D
```

ZARİF	ANLAMLI
ALKIŞ	JEST
SANATSAL	BECERI
SEYIRCI	YOĞUNLUK
BALERİN	KASLAR
DANSÇILAR	MÜZIK
BESTECI	ORKESTRA
KOREOGRAFİ	RİTİM
PROVA	SOLO
TARZ	TEKNİK

54 - Aventura

```
D T F S T E H L I K E L I H
S E Y A H A T L E R C Y D G
Z J I S J E B U I Z U V F Ü
D O Ğ A R K A D A Ş L A R Z
G A R K D H E M N İ Y E T E
I G L L Y C E S A R E T N L
L J N A U P H V S E F E R L
U N K D G K P S E V İ N Ç I
Ş A Ş I R T I C I S L Z H K
A O M O J Y G Ü Z E R G A H
N O S D G G E Z I M L G D E
S K Y H F Y A N K L U G G D
H A Z I R L I K I G F Q V E
O L A Ğ A N D I Ş I F V M F
```

SEVİNÇ
ARKADAŞLAR
GÜZELLIK
HEDEF
ZORLUK
HEVES
GEZI
OLAĞAN DIŞI
GÜZERGAH
DOĞA

SEFER
YENI
ŞANS
TEHLIKELI
HAZIRLIK
EMNİYET
ŞAŞIRTICI
CESARET
SEYAHATLER

55 - Pájaros

```
Y  K  Q  Ö  T  Ş  S  F  F  J  J  M  J  O
M  F  N  R  U  A  P  Y  D  R  U  Q  P  Q
Z  J  C  D  K  H  V  Y  Q  V  I  B  L  M
V  L  L  E  A  I  Y  U  M  U  R  T  A  C
D  S  G  K  N  N  M  Q  K  H  M  S  Y  A
P  E  Ü  B  A  L  I  K  Ç  I  L  G  N  K
E  R  V  P  A  P  A  Ğ  A  N  K  U  Ğ  U
N  Ç  E  E  M  A  I  T  D  L  M  G  L  L
G  E  R  L  K  A  Z  M  Q  C  S  U  M  E
U  K  C  İ  A  U  R  B  D  Z  F  K  S  Y
E  U  İ  K  R  N  Ş  T  K  A  R  G  A  L
N  R  N  A  T  T  Y  U  I  J  L  T  D  E
U  N  I  N  A  F  L  A  M  İ  N  G  O  K
Q  Q  N  Z  L  H  H  Z  O  T  Y  Q  Q  V
```

DEVEKUŞU	SERÇE
KARTAL	ŞAHIN
LEYLEK	YUMURTA
KUĞU	PAPAĞAN
GUGUK	GÜVERCİN
KARGA	ÖRDEK
FLAMİNGO	PELİKAN
KAZ	PENGUEN
BALIKÇIL	TAVUK
MARTI	TUKAN

56 - Playa

```
P  K  Y  B  L  S  U  Y  Y  O  O  Y  H  A
G  H  I  D  B  V  S  Q  B  K  Y  D  E  S
G  P  B  Q  A  C  T  J  J  Y  I  S  V  G
L  Q  Q  F  D  O  V  R  T  A  B  D  D  E
K  F  O  E  A  L  D  H  H  N  H  F  R  T
N  U  N  M  H  Y  A  Z  M  U  C  T  Y  R
L  O  M  A  K  E  S  G  V  S  A  H  I  L
G  H  A  V  L  U  Y  E  Ü  R  E  S  İ  F
T  A  T  I  L  V  K  E  F  N  R  C  S  V
Ş  E  M  S  İ  Y  E  V  N  J  N  E  Z  O
S  A  N  D  A  L  E  T  S  G  L  R  B  B
G  Ü  N  E  Ş  D  E  N  I  Z  E  B  O  K
Y  E  L  K  E  N  L  İ  Y  P  E  Ç  T  Y
N  M  V  U  V  B  Q  V  B  F  B  O  Y  P
```

KUM	DENIZ
RESİF	OKYANUS
MAVI	ŞEMSİYE
BOT	SANDALET
YENGEÇ	GÜNEŞ
SAHIL	HAVLU
ADA	TATIL
LAGÜN	YELKENLİ

57 - Surf

```
E  K  A  K  Ö  P  Ü  K  J  J  J  K  I  Q
N  Ğ  T  J  B  D  Z  P  Z  G  C  S  F  R
L  P  L  A  J  Q  Z  D  B  J  O  B  S  N
K  V  E  E  A  O  D  U  L  I  B  H  Y  M
D  C  T  N  N  H  I  Z  E  P  C  A  B  O
T  A  R  Z  F  C  K  M  A  S  Q  V  F  F
S  E  L  N  R  A  E  N  A  K  P  A  A  O
Q  Z  N  G  R  E  S  İ  F  U  O  R  C  L
M  I  D  E  A  Ş  I  R  I  V  P  M  E  C
Ş  A  M  P  İ  Y  O  N  E  V  Ü  R  M  Y
O  K  Y  A  N  U  S  V  F  E  L  L  I  V
H  B  U  P  C  S  A  H  Y  T  E  E  K  V
E  F  E  L  K  M  D  G  E  V  R  N  Y  F
Y  Y  G  O  U  T  E  L  O  T  F  D  V  O
```

RESİF	KUVVET
ATLET	OKYANUS
ŞAMPİYON	DALGA
HAVA	PLAJ
EĞLENCE	POPÜLER
KÖPÜK	ACEMI
TARZ	SPREY
MIDE	HIZ
AŞIRI	

58 - Geografía

```
L V A H R B Q O K A E K F P
K P G R K A T L A S F T Q B
U E Ü J A N K D A Ğ F B R A
F N N L J B U I P C Y B F T
Y L E T U J Z H M R Z D S I
H E Y K B M E R İ D Y E N E
A M H M O C Y V V N E N V K
M D F Y Y B Ö L G E L I L V
U M A Ü L K E E E H V Z D A
V T L H A R İ T A I G Y Ü T
Y A R I M K Ü R E R L H N O
L K R G R B Z K I T A I Y R
P R K Y O O S C N A J A A K
S O N C B M U P P V R C K U
```

RAKIM	DENIZ
ATLAS	MERİDYEN
KENT	DAĞ
KITA	DÜNYA
EKVATOR	KUZEY
YARIMKÜRE	BATI
ADA	ÜLKE
ENLEM	NEHIR
BOYLAM	GÜNEY
HARİTA	BÖLGE

59 - Deportes

```
B A S K E T B O L G O L F J
L I H B I S I K L E T Y U İ
P J S T A D Y U M T E C U M
B Z V D H A K E M D V U H N
B H K S A L O N G U Z R P A
P J M S R K A Z A N A N T S
Ş L H T E A T L E T O L E T
B A B R K G A N J M Y B N İ
K E M C E K K O Ç S U L İ K
T V Y P T R I Q T H N H S R
Z Y T Z İ C M C S N C O A Q
G F Y Z B Y H O J T U K P P
C S V A V O O O L J V E V D
M P H S M E L N N O T Y K D
```

ATLET	KAZANAN
HAKEM	JİMNASTİK
BASKETBOL	SALON
BEYZBOL	GOLF
BISIKLET	HOKEY
ŞAMPİYON	OYUN
KOÇ	OYUNCU
TAKIM	HAREKET
STADYUM	TENİS

60 - Actividades

```
T  I  S  D  M  Y  Ü  R  Ü  Y  Ü  Ş  F  B
R  B  E  C  A  A  A  Q  A  Y  Q  G  O  A
E  Ö  R  M  E  N  D  S  P  E  S  K  T  H
I  M  A  S  U  Y  S  S  A  N  A  T  O  Ç
E  E  M  Y  P  Z  O  B  Z  V  O  B  Ğ  I
U  D  İ  K  İ  Ş  Y  O  E  P  R  D  R  V
A  D  K  K  N  R  U  Ş  V  C  M  L  A  A
B  O  Y  A  M  A  N  Q  K  K  E  R  F  N
H  K  A  V  C  I  L  I  K  Z  T  R  Ç  L
B  U  L  M  A  C  A  L  A  R  M  B  I  I
T  M  L  U  G  P  R  D  K  S  B  U  L  K
H  A  T  G  U  R  E  G  T  S  I  H  I  R
Z  R  A  H  A  T  L  A  M  A  P  O  K  Y
B  A  L  I  K  Ç  I  L  I  K  I  E  Q  G
```

SANAT
DANS
AVCILIK
SERAMİK
DİKİŞ
FOTOĞRAFÇILIK
BECERI
BAHÇIVANLIK
OYUNLAR
OKUMA

SIHIR
BOŞ
BALIKÇILIK
BOYAMA
ZEVK
RAHATLAMA
BULMACALAR
YÜRÜYÜŞ
ÖRME

61 - Verduras

```
K  M  Ş  M  D  O  M  A  T  E  S  Z  P  P
E  A  B  A  E  E  T  U  R  P  Z  E  L  A
R  Y  E  N  L  N  T  G  A  P  F  N  M  T
E  D  Z  T  D  G  J  Y  Y  F  P  C  S  A
V  A  E  A  J  İ  A  P  M  R  A  E  A  T
İ  N  L  R  U  N  J  M  Z  B  T  F  Z  E
Z  O  Y  M  S  A  L  A  T  A  L  I  K  S
I  Z  E  B  E  R  C  P  O  O  I  L  G  H
M  C  E  B  R  O  K  O  L  İ  C  J  H  L
Q  L  P  K  Y  G  B  I  S  P  A  N  A  K
H  K  Q  S  A  L  A  T  A  O  N  Y  V  N
K  H  E  I  P  B  A  G  M  U  Ğ  N  U  U
Z  E  Y  T  I  N  A  O  N  M  P  A  Ç  O
S  A  R  I  M  S  A  K  R  K  T  E  N  T
```

SARIMSAK	ZENCEFIL
ENGİNAR	ŞALGAM
KEREVİZ	ZEYTIN
PATLICAN	PATATES
BROKOLİ	SALATALIK
KABAK	MAYDANOZ
SOĞAN	TURP
SALATA	MANTAR
ISPANAK	DOMATES
BEZELYE	HAVUÇ

62 - Instrumentos Musicales

```
R  P  U  O  U  M  S  A  K  S  A  F  O  N
N  Q  E  D  D  Q  A  P  N  P  T  J  T  P
G  M  S  E  N  B  Y  R  H  K  Y  O  R  K
T  Ç  E  L  L  O  B  C  İ  E  O  S  O  Y
R  Z  M  Y  H  C  G  B  T  M  B  U  M  C
O  N  B  G  B  P  T  B  E  A  B  A  B  K
M  Q  A  O  B  U  A  S  J  N  P  A  O  L
P  J  N  N  U  R  J  R  C  G  O  H  N  A
E  G  Ç  G  I  J  B  F  L  Ü  T  I  P  R
T  A  O  C  M  V  M  A  N  D  O  L  İ  N
L  Q  D  A  V  U  L  G  G  U  P  I  Y  E
A  H  F  Z  V  R  A  O  B  E  L  S  A  T
H  R  U  A  R  M  I  T  E  F  T  P  N  I
Y  Z  P  D  F  A  G  İ  T  A  R  E  O  J
```

ARP	OBUA
BANÇO	TEF
BAGET	VURMA
KLARNET	PİYANO
FAGOT	SAKSAFON
FLÜT	DAVUL
GONG	TROMBON
GİTAR	TROMPET
MANDOLİN	KEMAN
MARİMBA	ÇELLO

63 - Mascotas

```
T  E  B  L  N  K  K  B  P  A  A  P  P  E
F  I  D  Z  Y  L  Ö  T  O  G  I  E  A  N
Q  K  F  D  O  F  P  S  P  J  I  N  P  E
L  R  S  L  C  E  E  K  N  G  K  Ç  A  D
T  F  D  I  F  A  K  E  Ç  I  Ö  E  Ğ  E
B  A  L  I  K  U  Y  R  U  K  P  L  A  H
H  R  V  G  I  D  A  T  Z  P  E  E  N  L
A  E  Z  Ş  Y  R  V  E  T  R  K  R  V  U
M  E  D  S  A  U  R  N  K  A  J  N  C  İ
S  J  C  U  K  N  U  K  T  E  S  B  I  N
T  T  T  D  A  Z  S  E  U  J  D  M  M  E
E  A  T  G  R  P  U  L  C  Y  G  İ  A  K
R  J  K  C  T  M  F  E  P  E  N  Ç  E  S
K  A  P  L  U  M  B  A  Ğ  A  H  V  J  K
```

SU   HAMSTER
KEÇI   KERTENKELE
KÖPEK YAVRUSU   PAPAĞAN
KUYRUK   PENÇE
YAKA   KÖPEK
GIDA   BALIK
TAVŞAN   FARE
TASMA   KAPLUMBAĞA
PENÇELER   İNEK
KEDİ

64 - Formas

```
O  N  S  E  J  I  C  J  K  O  N  İ  B  H
Q  R  I  L  K  M  P  C  E  Ğ  R  I  I  M
R  I  R  U  F  M  Z  B  N  K  Ü  R  E  T
U  D  A  I  R  E  B  Z  A  A  Ç  B  R  Q
Z  Z  R  K  Ç  P  E  H  R  R  G  H  K  V
L  B  P  V  Ö  O  G  T  L  E  E  A  R  S
L  H  T  I  N  Ş  K  Z  A  E  N  S  S  D
T  P  R  K  Ü  P  E  G  R  U  V  B  N  O
H  İ  P  E  R  B  O  L  E  E  M  F  A  Q
B  R  R  G  L  Y  V  S  L  N  L  M  R  M
Q  A  İ  H  U  A  A  Q  O  V  L  İ  K  K
U  M  Z  Z  P  N  L  R  D  K  Z  S  P  M
J  İ  M  S  İ  L  İ  N  D  İ  R  C  C  S
R  T  A  D  I  K  D  Ö  R  T  G  E  N  U
```

ARK	KÖŞE
KENARLAR	HİPERBOL
SİLİNDİR	YAN
DAIRE	SIRA
KONİ	OVAL
KARE	PİRAMİT
KÜP	ÇOKGEN
EĞRI	PRİZMA
ELİPS	DIKDÖRTGEN
KÜRE	ÜÇGEN

65 - Flores

```
Y  P  Ş  H  R  D  F  V  H  G  G  A  L  M
S  Z  A  M  B  A  K  L  A  V  A  N  T  A
P  D  K  P  Ç  T  H  O  Ş  Y  R  S  Q  N
D  O  A  F  A  Y  I  O  H  V  D  T  H  O
V  E  Y  E  R  T  G  Z  A  B  E  H  L  L
K  Z  I  B  K  Y  Y  I  Ş  U  N  L  Y  Y
S  I  K  E  I  Q  A  A  N  K  Y  H  A  A
G  Ü  L  G  F  Z  P  Y  R  E  A  D  S  K
F  V  N  Ü  E  Z  R  Ç  E  T  R  M  E  Q
S  Y  A  M  L  T  A  İ  Y  H  S  G  M  H
N  C  F  E  E  B  K  Ç  O  D  B  K  İ  K
G  Y  H  C  K  Z  O  E  N  G  U  K  N  S
O  R  K  İ  D  E  N  Ğ  C  L  A  L  E  M
L  E  Y  L  A  K  T  İ  A  T  P  B  U  S
```

HAŞHAŞ	NERGİS
GARDENYA	ORKİDE
AYÇİÇEĞİ	ÇARKIFELEK
EBEGÜMECİ	ŞAKAYIK
YASEMİN	YAPRAK
LAVANTA	BUKET
LEYLAK	GÜL
ZAMBAK	YONCA
MANOLYA	LALE
PAPATYA	

66 - Astronomía

```
F T U T U L M A K T Y R J Q
I R A D Y A S Y O N E A S B
S R E K İ N O K S E R S Ü Ü
O F T V I A Z P U E Ç A P L
Z Z T B Y M L C Y V E T E U
G Ö K A D A Y P D R K H R T
E T A S M C Z I U E İ A N S
Z G E S E S V S L N M N O U
E O Q L T O H F F D İ E V Q
G S H Y E R O K E T I E A F
E U R C O S O M G J L Z A Y
N T O P R A K N C K L O G Y
G Ö K Y Ü Z Ü O O P F B E C
A S T R O N O M P T L A K Y
```

ASTRONOT
ASTRONOM
GÖKYÜZÜ
ROKET
TAKIMYILDIZ
TUTULMA
EKİNOKS
GÖKADA
YERÇEKİMİ
AY

METEOR
BULUTSU
RASATHANE
GEZEGEN
RADYASYON
UYDU
SÜPERNOVA
TELESKOP
TOPRAK
EVREN

67 - Tiempo

```
Z  Y  C  Q  F  Q  Ö  G  G  H  Ö  O  Z  F
M  Q  K  C  Q  S  Ğ  E  I  H  H  N  T  A
C  G  V  V  N  A  L  B  S  U  A  Y  C  K
Q  V  Q  U  S  B  E  N  E  G  F  I  D  E
N  G  T  O  P  A  N  J  J  C  T  L  Y  R
Q  C  L  Z  N  H  A  Q  Z  V  A  Q  I  K
G  E  L  E  C  E  K  T  T  R  Y  I  L  E
O  D  F  R  N  D  T  A  K  V  I  M  L  N
M  Ü  A  Ş  I  M  D  I  Y  Ü  Z  Y  I  L
U  N  Z  K  O  M  G  Y  O  I  T  O  K  V
Z  Q  R  L  İ  J  Ü  E  B  U  G  Ü  N  S
L  C  Z  F  O  K  N  Q  Y  F  E  U  Y  F
A  Y  M  H  A  N  A  B  N  I  C  K  P  B
O  V  G  C  C  Z  A  V  I  O  E  N  N  L
```

ŞIMDI	BUGÜN
ÖNCE	SABAH
YILLIK	ÖĞLE
YIL	AY
DÜN	DAKİKA
TAKVIM	AN
ON YIL	GECE
GÜN	HAFTA
GELECEK	YÜZYIL
SAAT	ERKEN

68 - Paisajes

```
L  B  E  M  H  N  A  Z  T  Z  G  O  P  P
A  I  V  A  D  I  E  D  B  U  Z  U  L  V
G  P  Z  Ğ  S  H  M  H  A  D  N  K  B  A
Ü  P  B  A  T  A  K  L  I  K  U  D  A  Q
N  I  Q  R  P  L  A  J  T  R  D  E  R  F
B  N  A  A  E  F  A  B  C  I  G  M  S  A
U  V  Y  A  R  I  M  A  D  A  V  C  G  L
Z  A  K  O  E  V  O  L  K  A  N  C  L  U
D  H  C  F  N  D  S  G  E  H  M  Z  F  V
A  A  T  L  V  A  V  T  H  A  Y  D  E  L
Ğ  J  E  S  O  Ğ  T  G  A  T  D  E  B  Y
I  J  G  A  Y  Z  E  R  L  C  U  N  T  O
M  C  L  G  Ö  L  V  R  I  A  S  I  A  R
Ş  E  L  A  L  E  M  K  Ç  Ö  L  Z  Y  C
```

ŞELALE	DENIZ
MAĞARA	DAĞ
ÇÖL	VAHA
HALIÇ	BATAKLIK
GAYZER	YARIMADA
BUZUL	PLAJ
BUZDAĞI	NEHIR
ADA	TUNDRA
GÖL	VADI
LAGÜN	VOLKAN

69 - Días y Meses

```
A H P F O V J D T K O E M C
T Ğ B K C P M Y A Y S Y M U
V E U A A F E K I M D L G M
N J A S K P E R J L Y Ü B A
T J G I T D T K Ş S T L G R
C E T M D O A S P E C O S T
R M E L H C S A L M M I Z E
E A M F A M D L J Q E B B S
Q U M S Z B N I C U M A E I
V A U V I H A F T A M N P O
P A Z A R T E S I Ş U B A T
Ç A R Ş A M B A A G V E Z S
J C H Z N I S A N C I H A Y
T A K V I M U J A D Z R R F
```

NISAN	PAZARTESI
AĞUSTOS	SALI
YIL	AY
TAKVIM	ÇARŞAMBA
PAZAR	KASIM
OCAK	EKIM
ŞUBAT	CUMARTESI
PERŞEMBE	HAFTA
TEMMUZ	EYLÜL
HAZIRAN	CUMA

70 - Chocolate

```
A  I  Ç  E  R  I  K  E  G  Z  O  T  I  K
R  N  F  A  V  O  R  I  K  R  D  S  V  I
O  J  T  A  T  L  I  Z  A  U  A  K  J  H
M  Z  O  İ  E  Z  Z  Z  L  Y  U  A  B  A
A  O  Z  L  O  Z  Q  Y  O  H  S  F  H  C
B  Y  T  E  Z  K  B  B  R  N  S  J  E  K
I  B  J  Z  Q  D  S  E  İ  C  G  N  M  A
V  J  R  Z  G  L  E  İ  L  E  Z  Z  E  T
K  Z  Ş  E  K  E  R  P  D  K  E  L  Z  P
P  A  R  T  N  H  S  P  Y  A  N  J  H  Z
L  N  L  L  A  N  T  G  Q  K  N  A  C  I
F  A  D  I  B  T  K  A  R  A  M  E  L  G
Y  A  B  D  T  E  V  L  U  O  K  M  T  H
U  T  E  Y  Y  E  M  E  K  P  D  B  C  Z
```

ACI	YEMEK
ANTİOKSİDAN	LEZZETLI
AROMA	TATLI
ZANAAT	EGZOTIK
ŞEKER	FAVORI
KAKAO	TAT
KALITE	IÇERIK
KALORİ	TOZ
KARAMEL	LEZZET

71 - Barbacoas

```
A  K  I  J  K  H  D  T  Y  Y  A  H  A  Ç
I  L  K  I  G  U  O  Y  U  N  L  A  R  O
L  T  Z  E  H  R  M  E  Y  V  E  Z  K  C
E  G  M  P  F  Q  A  B  I  B  E  R  A  U
S  Y  R  O  P  C  T  I  M  P  S  U  D  K
O  A  Ç  L  I  K  E  Ç  Ü  T  E  I  A  L
S  Z  L  Q  I  E  S  A  Z  U  B  C  Ş  A
S  I  C  A  K  A  L  K  I  N  Z  U  L  R
M  Z  O  E  T  Z  E  A  K  A  E  Q  A  U
L  G  I  D  A  A  R  S  E  V  L  Y  R  E
E  A  R  O  V  P  L  H  O  H  E  T  O  K
P  R  L  C  U  Q  A  A  J  Ğ  R  T  U  J
E  A  R  U  K  J  E  O  R  B  A  T  J  Z
J  S  U  I  Y  K  B  C  R  F  E  N  D  R
```

ARKADAŞLAR	MÜZIK
SICAK	ÇOCUKLAR
SOĞAN	IZGARA
GIDA	BIBER
BIÇAK	TAVUK
SALATALAR	TUZ
AILE	SOS
MEYVE	DOMATESLER
AÇLIK	YAZ
OYUNLAR	SEBZELER

72 - Ropa

```
F E T E K Ş L Y A B C O S I
L P İ J A M A N V G E B D Q
T A K I Z E O P F L K G B R
U J S S A E R D K V E Ö A E
Z N M J K S B B A A T M G Y
K V R V U F P A N T O L O N
E L D I V E N L E R Ç E S Ö
K O L Y E Ş A R P M O K A N
L G B E N Q Y E C H R H N L
Z T Q F L E L S R I A Q D Ü
J J E J N B L U Z P P D A K
R N A D M B I K E M E R L V
B I L E Z I K S H L B B E M
A Y A K K A B I E B P L T M
```

BLUZ	TAKI
EŞARP	MODA
ÇORAP	PANTOLON
GÖMLEK	PİJAMA
CEKET	BILEZIK
KEMER	SANDALET
KOLYE	ŞAPKA
ÖNLÜK	KAZAK
ETEK	ELBISE
ELDIVENLER	AYAKKABI

73 - Meditación

```
D  I  D  I  D  N  Z  İ  H  İ  N  S  E  L
U  J  P  D  M  E  R  H  A  M  E  T  G  E
Y  F  D  Ü  M  Z  R  M  O  B  N  M  Ö  F
G  N  P  Ş  S  A  K  I  N  E  P  Z  Z  S
U  E  E  Ü  Y  K  A  V  K  A  B  U  L  P
L  F  R  N  N  E  M  Ç  D  E  G  O  E  F
A  E  S  C  N  T  S  U  I  E  A  S  M  D
R  S  P  E  M  H  I  O  T  K  T  A  F  U
M  A  E  L  B  A  R  I  Ş  L  L  K  E  R
Ü  L  K  E  R  R  D  O  R  V  U  I  D  U
Z  M  T  R  F  E  H  O  K  R  E  L  K  Ş
I  A  I  I  R  K  V  D  Ğ  P  R  Y  U  K
K  N  F  K  P  E  E  H  F  A  A  K  O  K
M  I  N  N  E  T  T  A  R  L  I  K  E  E
```

KABUL	HAREKET
NEZAKET	MÜZIK
SAKIN	DOĞA
AÇIKLIK	GÖZLEM
MERHAMET	BARIŞ
DUYGULAR	DÜŞÜNCELER
MUTLULUK	PERSPEKTIF
MINNETTARLIK	DURUŞ
ZİHİNSEL	NEFES ALMA
AKIL	

74 - Comedia

```
G U R K O P G P Z M S S M J
P U D P U A K T Ö R E P M B
A M O B D L L K A P E L F G
R S Ğ U B Y T K S U I N F H
O R A N L A M L I M G G S E
D S Ç A T Ç H F P Ş L Q R S
İ V L K Y O V E Ğ L E N C E
S M A T K L T İ Y A T R O Y
S I M R Ş A K A L A R U C I
K Z A I S R K A H K A H A R
A A O S O Z S T Ü R I K C C
L H D E A U I H Z J T C Q I
O Z T E L E V İ Z Y O N H E
J A D P S N A I E D Z U D D
```

AKTÖR
AKTRIS
ALKIŞ
SEYIRCI
ŞAKALAR
EĞLENCE
ANLAMLI
TÜR

MIZAH
DOĞAÇLAMA
PARODİ
PALYAÇOLAR
KAHKAHA
TİYATRO
TELEVİZYON

75 - Libros

```
L  R  O  M  A  N  M  M  T  İ  I  T  D  Q
T  A  R  İ  H  G  A  R  R  L  S  U  A  Ş
G  U  F  P  E  B  C  Z  A  G  Z  K  L  I
Z  C  E  D  J  B  E  Z  J  İ  Ö  E  D  I
I  F  O  D  O  B  R  G  İ  L  Y  D  I  R
A  B  L  J  C  R  A  D  K  İ  K  E  R  B
M  N  Y  A  R  A  T  I  C  I  Ü  B  M  S
Y  İ  L  I  R  L  R  Z  S  J  N  Î  A  Y
A  K  Z  A  E  R  G  I  C  S  A  Y  F  A
Z  İ  G  A  T  O  K  U  Y  U  C  U  Q  Z
I  L  A  V  H  I  A  Q  Y  A  P  R  T  A
L  İ  C  F  K  İ  C  S  C  P  C  P  C  R
I  K  N  P  H  P  S  I  B  A  Ğ  L  A  M
H  T  B  K  O  L  E  K  S  I  Y  O  N  O
```

YAZAR	YARATICI
MACERA	OKUYUCU
KOLEKSIYON	EDEBÎ
BAĞLAM	ANLATICI
İKİLİK	ROMAN
YAZILI	SAYFA
ÖYKÜ	İLGİLİ
TARİH	ŞIIR
MİZAHİ	DIZI
DALDIRMA	TRAJİK

76 - Nutrición

```
K K J T S T O K S İ N P M S
A S A R E V İ T A M İ N İ A
L A U D I Y E T J L A K Y Ğ
I Ğ B E S İ N G L K O C H L
T L D N A Ğ I R L I K R I I
E I B G S İ N D İ R İ M İ K
E K Y E N I L E B I L I R L
Z P P L E Z Z E T Y M P C I
H M Z I T C I U E C S L K Ş
F E R M A N T A S Y O N Z T
A L I Ş K A N L I K L A R A
S I V I L A R J O C Z I C H
S O S P R O T E İ N F B Q M
M F O E H F U F V A L Y E Y
```

ACI
IŞTAH
KALITE
KALORİ
YENILEBILIR
DIYET
SINDİRİM
DENGELI
FERMANTASYON
ALIŞKANLIKLAR

SIVILAR
BESİN
AĞIRLIK
PROTEİN
LEZZET
SOS
SAĞLIK
SAĞLIKLI
TOKSİN
VİTAMİNİ

77 - Bondad

```
D  H  B  N  V  R  C  N  D  R  O  T  I  K
Ü  G  O  T  J  E  S  T  Ö  O  T  L  U  D
R  K  R  Ş  L  Q  J  E  Z  A  S  K  D  B
Ü  P  G  C  G  G  Y  D  E  A  E  T  T  H
S  S  Q  B  Q  Ö  M  K  N  L  V  Z  Ç  H
T  P  T  V  K  J  R  J  L  I  E  Z  Z  A
S  A  Y  G  I  L  I  Ü  İ  C  N  L  A  U
E  N  R  E  Z  P  S  B  L  I  B  A  C  Q
V  L  H  R  S  K  Z  F  A  Ü  S  T  U  Q
E  A  A  Ç  T  E  R  T  E  G  G  J  N  O
C  Y  S  E  S  K  G  R  Y  M  U  T  L  U
E  I  T  K  Y  A  R  A  R  L  I  Z  U  G
N  Ş  A  T  O  C  Ö  M  E  R  T  A  R  E
Y  G  R  M  G  Ü  V  E  N  I  L  I  R  P
```

SEVECEN	GERÇEK
DOSTÇA	DÜRÜST
SEVEN	HASTA
ÖZENLİ	ALICI
ANLAYIŞ	SAYGILI
MUTLU	HOŞGÖRÜLÜ
GÜVENILIR	YARARLI
CÖMERT	

78 - Edificios

```
A L A B O R A T U V A R B N
P I B Y I O K U L E L B G B
A S Z C R A S A T H A N E N
R T T S Ü P E R M A R K E T
T O P A K A L E B S S Ü A A
M B K A D M Ü Z E T İ N E K
A T S U N Y I A A A N I O F
N İ N E L S U P A N E V E G
Z Y M Q U G İ M V E M E T V
F A B R I K A Y U G A R A J
K T U F D F R Z O C K S A C
V R Ç I F T L I K N E I H J
M O T E L Z B D O F M T I Y
P Z S E L Ç İ L İ K Q E R J
```

PANSİYON
APARTMAN
KALE
SİNEMA
ELÇİLİK
OKUL
STADYUM
FABRIKA
GARAJ
AHIR

ÇIFTLIK
HASTANE
OTEL
LABORATUVAR
MÜZE
RASATHANE
SÜPERMARKET
TİYATRO
KULE
ÜNIVERSITE

79 - Océano

```
B D K Ö P E K B A L I Ğ I Y
S A M N B O T A H H T V K I
J L L F H K U L T Z Y J A L
K G T I S A Z I A N Z G P A
H A H R K R V N P Q J J L N
G L E T M İ I A O Q H Y U B
E A S I C D A Y T U O G M A
L R O N M E R C A N T Y B L
G B E A J S Ü N G E R F A I
İ Y O S U N Y E N G E Ç Ğ Ğ
T U I D İ K Y I J D B I A I
J N N M S F N P M L D V E R
L U İ S T İ R İ D Y E B J H
R S D E N İ Z A N A S I U D
```

YOSUN
YILAN BALIĞI
RESİF
BALINA
BOT
KARİDES
YENGEÇ
MERCAN
YUNUS
SÜNGER

GELGİT
DENİZANASI
DALGALAR
İSTİRİDYE
BALIK
AHTAPOT
TUZ
KÖPEKBALIĞI
FIRTINA
KAPLUMBAĞA

80 - Ciudad

```
F H Ç I R U K J D E S O S M
I B İ C M E C Z A N E E J H
R A Ç Z F R S G J R Q U Z T
I N E O R K V T K L İ N İ K
N K K N G M P H O Z O I M A
O A Ç M A Ğ A Z A R M Ü Z E
K K İ T L H Z T İ Y A T R O
M İ U F E G A D A C T N M F
G H T L R G R S T A D Y U M
O E I A İ K Ü T Ü P H A N E
T M S Ü P E R M A R K E T S
E I Q M F Ç S İ N E M A G C
L P D G Ü N I V E R S I T E
A H A V A L İ M A N I A S D
```

HAVALİMANI	OTEL
BANKA	KİTAPÇI
KÜTÜPHANE	PAZAR
SİNEMA	MÜZE
KLİNİK	FIRIN
OKUL	RESTORAN
STADYUM	SÜPERMARKET
ECZANE	TİYATRO
ÇİÇEKÇİ	MAĞAZA
GALERİ	ÜNIVERSITE

81 - Campeonato

```
O P V M R G A E S T L Y T D
Y E M A S P O R T A N R U A
U R Q D J K R S R K T E R Y
N F Y A Ş Y O Q A İ E D N A
L O İ L B A D Ç T M R J U N
A R D Y O R M V E G L Y V İ
R M F A Z G K P J A E P A K
Z A F E R İ G F İ Z M J G L
Q N N O D Ç R N P Y E S Y İ
J S M O T İ V A S Y O N Q L
F İ N A L İ S T M L L N I İ
G H A G M G M G Y V İ L S K
S R U A B D P N A K J G A T
L M P F Q S I R L V B G G I
```

ŞAMPİYON
SPOR
KOÇ
TAKIM
STRATEJİ
FİNALİST
OYUNLAR
YARGIÇ

LİG
MADALYA
MOTİVASYON
PERFORMANS
DAYANIKLILIK
TURNUVA
TERLEME
ZAFER

82 - Actividades y Ocio

```
F U T B O L S M C E I V B D
J S E Y A H A T E T M E K V
B A H Ç I V A N L I K I B G
T R A H A T L A T I C I L P
R E B A L I K Ç I L I K Q J
O S N R B H O B İ L E R J C
V I U İ A D B B B I G R Y Y
O N V U S C A E R B O K S T
L G R Y K O Q L Y V S T Ö S
E R Z V E O B G I Z H T R A
Y R G R T N V L A Ş B I F N
B Q O O B Y Ü Z M E D O Z A
O Y L T O B O Y A M A H L T
L C F L L Y Ü R Ü Y Ü Ş Q G
```

HOBİLER	YÜZME
SANAT	BALIKÇILIK
BASKETBOL	BOYAMA
BEYZBOL	RAHATLATICI
BOKS	YÜRÜYÜŞ
DALIŞ	SÖRF
FUTBOL	TENİS
GOLF	SEYAHAT ETMEK
BAHÇIVANLIK	VOLEYBOL

83 - Comida #1

```
C  Ç  F  K  E  J  B  S  Ü  T  J  K  T  F
E  O  İ  I  U  B  B  A  L  I  K  D  A  E
S  R  H  L  J  S  A  L  N  A  N  E  R  S
N  B  A  M  E  N  I  A  R  M  U  T  Ç  L
M  A  V  V  L  K  F  T  U  Z  Q  N  İ  E
E  L  U  Z  G  M  K  A  V  H  Z  I  N  Ğ
Y  A  Ç  V  O  L  L  İ  M  O  N  N  A  E
V  I  L  D  K  Z  K  S  O  Ğ  A  N  I  N
E  Y  K  E  Ş  E  K  E  R  V  S  F  S  I
S  H  O  S  P  A  E  D  K  K  E  J  P  B
U  B  Z  A  O  H  L  G  M  R  Q  F  A  N
Y  Q  O  Q  R  H  T  G  R  E  F  H  N  K
U  H  Y  V  T  P  J  U  A  Z  L  J  A  S
Q  N  D  J  D  S  A  R  I  M  S  A  K  A
```

SARIMSAK	ÇİLEK
FESLEĞEN	MEYVE SUYU
BALIK	SÜT
ŞEKER	LİMON
TARÇIN	NANE
ET	ŞALGAM
ARPA	ARMUT
SOĞAN	TUZ
SALATA	ÇORBA
ISPANAK	HAVUÇ

84 - Virtudes #1

```
V B Q D P V H R K V B B R R
J A U E E R T A G G O Ü D I
O Ğ F A H R A Z S G K Y F B
I I A Z A M R T B T I Ü D T
L M C Ö M E R T İ L A L İ S
R S S G Ü R Q U L K K E Y A
S I Z Ü T A S T G Z I Y İ N
N Z S V E K U K E G L I Y A
P Z G E V L Y U Y J L C A T
T F H N A I D L V K I I R S
H E F I Z F G U Z V F D A A
R F M L I V E R I M L I R L
V A E I P Z O Z K Q N U L V
U Y V R Z J H K O U S J I Y
```

TUTKULU	BAĞIMSIZ
SANATSAL	AKILLI
İYİ	TEMIZ
MERAKLI	MÜTEVAZI
VERIMLI	HASTA
BÜYÜLEYICI	PRATIK
GÜVENILIR	BILGE
CÖMERT	YARARLI

85 - Literatura

```
K F D B K K N I V M R A T T
A Y Y T H U Q B N E S E L O
R B Y A Z A R S U C Ş I I R
Ş İ İ R S E L G Q A R T G B
I Y G Z N E T O U Z O R Q H
L O T E M A T A U Z M A U N
A G O A A R O D N D A J S V
Ş R A N N Z M İ K I N E O S
T A N A L I Z Y F A M D N A
I F E L A D M A F T F İ U S
R İ K O T B Y L O N Z I Ç I
M V D J I G U O U M S T Y S
A M O İ C O G G R İ T İ M E
P T T F I Q B J D L N O T D
```

ANALOJİ	KURGU
ANALIZ	MECAZ
ANEKDOT	ANLATICI
YAZAR	ROMAN
BİYOGRAFİ	ŞIIR
KARŞILAŞTIRMA	ŞİİRSEL
SONUÇ	KAFIYE
TANIM	RİTİM
DİYALOG	TEMA
TARZ	TRAJEDİ

86 - Baño

```
Y P P P S U Q B A N Y O G B
S R B H A V L U Y M T V S J
S Ü G B R Y B N G U D G P
N J N R U S F T A F Y M E S
Y Q A G N S H Ü M U S L U K
Z H K N E H B G M P H D K Z
Z U R G D R R Q A Z K D M Y
H J Z Q A O S U K İ L İ M D
I H V I K T U V A L E T E H
D O O Z B A L O S Y O N Q N
B F N C B U A D U Y D C U F
U J P T V R H Y P J M P L M
P S R Z S P Ş A M P U A N C
D U Ş D Y E B G R C U A G R
```

SU   MUSLUK
KİLİM   SABUN
TUVALET   LOSYON
BANYO   PARFÜM
ŞAMPUAN   MAKAS
DUŞ   HAVLU
AYNA   BUHAR
SÜNGER

87 - Clima

```
B  H  U  I  U  C  E  E  Y  T  Q  Q  Y  K
E  U  Y  G  F  A  I  O  K  K  U  R  U  U
B  M  Z  Ö  R  E  Y  J  R  F  J  A  G  T
P  K  A  K  A  S  I  R  G  A  S  T  Ö  U
I  F  Q  Y  Y  I  L  D  I  R  I  M  K  P
T  I  I  Ü  G  N  I  B  R  H  C  O  G  U
P  R  E  Z  L  T  Z  U  Ü  M  A  S  Ü  B
R  T  O  Ü  K  I  F  L  Z  U  K  F  R  U
O  I  R  P  S  E  L  U  G  S  L  E  Ü  L
V  N  P  T  İ  İ  Q  T  Â  O  I  R  L  U
D  A  F  Y  U  K  S  L  R  N  K  A  T  T
I  K  L  I  M  Y  R  U  O  P  J  M  Ü  G
K  U  R  A  K  L  I  K  M  T  R  Q  S  H
P  H  K  Y  S  L  B  U  Z  Y  L  P  Ü  A
```

ATMOSFER	KUTUP
ESINTI	YILDIRIM
GÖKYÜZÜ	KURU
IKLIM	KURAKLIK
BUZ	SICAKLIK
SEL	FIRTINA
MUSON	KASIRGA
SİS	TROPİK
BULUT	GÖK GÜRÜLTÜSÜ
BULUTLU	RÜZGÂR

88 - Comida #2

```
A  Y  Ç  İ  Ç  E  Ğ  İ  M  B  B  K  E  B
Y  B  T  A  V  U  K  H  R  C  A  İ  M  E
U  G  G  N  V  C  K  N  E  B  J  V  F  M
M  E  C  D  P  H  N  U  N  U  A  İ  U  C
U  P  D  T  G  D  K  Y  G  Ğ  K  D  P  K
R  I  U  C  J  O  D  E  İ  D  P  R  E  K
T  R  I  U  O  M  Y  E  N  A  A  A  Y  M
A  I  O  R  V  A  Z  Q  A  Y  T  R  N  U
C  N  U  Y  Ü  T  P  F  R  K  L  Y  I  Z
H  Ç  K  O  Z  E  N  C  E  F  I  L  R  M
U  T  A  Ğ  Ü  S  L  Z  T  T  C  R  H  S
U  A  P  U  M  E  K  M  E  K  A  A  A  F
H  K  E  R  E  V  İ  Z  A  G  N  I  T  Z
V  D  U  T  Ç  İ  K  O  L  A  T  A  V  V
```

ENGİNAR	KİVİ
BADEM	ELMA
KEREVİZ	EKMEK
PIRINÇ	MUZ
PATLICAN	TAVUK
KIRAZ	PEYNIR
ÇİKOLATA	DOMATES
AYÇİÇEĞİ	BUĞDAY
YUMURTA	ÜZÜM
ZENCEFIL	YOĞURT

89 - Castillos

```
S O M H K A L K A N V T H C
H D U K Y T S Z K D U V A R
D U T M A N C I N I K H N Ç
E S J I N I Q R L G S R E O
K U L E N Y Y H E E G Q D C
I M P A R A T O R L U K A K
P L V I F P F I Y K V S N R
U R S A G R Ş Ö V A L Y E A
Q U E B F E O D A L O J J L
H A H N U N S S H E V P D L
E R Z V S S A R A Y V D E I
K I L I Ç E H E N D E K R K
J I I B B V S Q T L I M H A
R H L O H B P V Q A F C A P
```

ZIRH
ŞÖVALYE
AT
MANCINIK
TAÇ
HANEDAN
EJDERHA
KALKAN
KILIÇ
FEODAL

KALE
HENDEK
IMPARATORLUK
ASIL
SARAY
DUVAR
PRENSES
PRENS
KRALLIK
KULE

90 - Herbistería

```
D L M A Y D A N O Z T M G L
E K A R S A R I M S A K U B
R N A V B H B İ B E R İ Y E
E Y Y L A Ç I Ç E K H Y M L
O B S T I N R G V Z U A U E
T F J N V T T L B R N V T Z
U N A N E P E A Q O B A F Z
Y E Ş I L F K G B A I R A E
P T Q K I Ç E R I K T O K T
M E R C A N K Ö Ş K K M A L
R E Z E N E U D B F I A L H
B A H Ç E D M B N C V T H P
F E S L E Ğ E N N Y J İ V E
P Y H O S A F R A N L K P U
```

SARIMSAK	IÇERIK
FESLEĞEN	BAHÇE
AROMATİK	LAVANTA
SAFRAN	MERCANKÖŞK
KALITE	NANE
MUTFAK	MAYDANOZ
DEREOTU	BITKI
TARHUN	BİBERİYE
ÇIÇEK	LEZZET
REZENE	YEŞIL

91 - Verano

```
Z  A  M  U  K  A  T  K  O  U  N  K  T  A
M  B  M  Ü  N  İ  I  A  T  B  C  P  H  R
U  R  G  S  Z  G  T  K  F  F  G  Q  Y  K
P  L  A  J  D  I  E  A  D  Y  U  N  O  A
A  B  I  C  J  D  K  V  P  J  U  Q  L  D
S  A  L  Q  R  A  H  A  T  L  A  M  A  A
M  H  E  O  A  R  S  D  V  J  A  L  V  Ş
Y  Ç  P  V  H  Q  A  F  G  B  D  R  K  L
S  E  V  İ  N  Ç  N  B  F  H  E  K  D  A
T  J  C  E  S  K  D  O  Y  U  N  L  A  R
A  F  F  S  A  H  A  Ş  G  D  I  R  L  Z
T  E  C  D  N  V  L  I  K  V  Z  R  I  V
I  D  Y  C  V  A  E  V  G  U  O  J  Ş  P
L  G  Z  A  N  S  T  T  T  T  B  R  I  Y
```

SEVİNÇ	KİTAPLAR
ARKADAŞLAR	DENIZ
DALIŞ	MÜZIK
GIDA	BOŞ
AILE	PLAJ
EV	RAHATLAMA
BAHÇE	SANDALET
OYUNLAR	TATIL

92 - Insectos

```
L  K  P  S  O  L  U  C  A  N  A  K  U  Y
A  U  A  İ  S  L  Y  N  R  S  Ğ  K  K  A
R  Ğ  S  R  R  D  E  R  I  U  U  L  G  B
V  U  Y  U  I  E  D  Y  P  G  S  O  M  A
A  R  N  U  U  N  G  M  A  N  T  I  S  N
C  B  P  O  S  T  C  F  G  D  O  Y  Y  A
K  Ö  Q  J  D  U  A  A  T  G  S  I  A  R
U  C  I  Ç  B  U  F  B  A  K  B  G  P  I
K  E  L  E  B  E  K  Ç  N  C  Ö  Ü  R  S
L  Ğ  Z  K  Z  Q  R  L  U  J  C  V  A  I
C  I  R  İ  U  T  N  J  B  K  E  E  K  O
S  I  V  R  I  S  I  N  E  K  Ğ  O  D  K
O  L  Q  G  V  D  E  R  Y  Q  İ  I  İ  Z
B  Ö  C  E  K  A  S  C  E  E  Y  Y  D  A
```

ARI	YUSUFÇUK
YABAN ARISI	MANTIS
YAPRAKDİD	KELEBEK
AĞUSTOSBÖCEĞİ	UĞUR BÖCEĞİ
BÖCEK	SIVRISINEK
SOLUCAN	GÜVE
KARINCA	PİRE
LARVA	ÇEKİRGE

93 - Especias

```
K  E  B  V  Z  D  C  U  L  O  T  U  Z  V
I  İ  V  G  R  E  Z  E  N  E  A  S  B  A
R  D  M  A  G  J  N  Z  P  L  R  B  D  N
M  D  E  Y  K  F  K  C  Y  Y  Ç  I  V  İ
I  V  Y  N  O  Ö  A  E  E  O  I  B  M  L
Z  M  A  K  Q  N  R  V  Z  F  N  E  P  Y
I  A  N  U  Y  E  İ  N  P  I  R  I  A
B  S  A  F  R  A  N  Z  P  L  L  L  L  D
İ  B  C  T  B  G  F  L  E  Z  Z  E  T  S
B  T  I  C  E  N  İ  E  K  Ş  I  S  A  M
E  F  R  I  P  F  L  R  J  Z  R  H  T  P
R  S  A  R  I  M  S  A  K  A  E  O  L  U
A  N  A  S  O  N  S  O  Ğ  A  N  Z  I  M
J  P  S  F  Z  I  B  S  T  Y  G  J  M  O
```

EKŞI	TATLI
SARIMSAK	REZENE
ACI	ZENCEFIL
ANASON	CEVİZ
SAFRAN	KIRMIZI BİBER
TARÇIN	BIBER
SOĞAN	MEYAN
KARANFİL	LEZZET
KİMYON	TUZ
KÖRİ	VANİLYA

94 - Emociones

```
S Y Ö K A H N P J Q N B M S
M I F K A U Y L A E T J U R
N S K B Ü Z Ü N T Ü Y B T A
H E E I K U C H R P V A L H
E M Z S N R R A H A T R U A
Y P V A S T E Ş E T I L T
E A Y K K M I S T K L Ş U L
C T B I D E U A E E C C K A
A İ Z N C M T S E V İ N Ç M
N C J E Y N Q İ P G U O E A
L D V P Y U I Y V T F I P R
I M J M I N N E T T A R J D
S Ü R P R İ Z T K O R K U C
Q S A J V F L P A L T Z V K
```

SIKINTI
MINNETTAR
SEVİNÇ
RAHATLAMA
AŞK
MUTLULUK
NEZAKET
SAKIN
HEYECANLI
ÖFKE

KORKU
BARIŞ
RAHAT
MEMNUN
SEMPATİ
SÜRPRİZ
HASSASİYET
HUZUR
ÜZÜNTÜ

95 - Mediciones

```
H  G  Y  M  E  T  R  E  H  V  T  S  O  Q
A  F  A  K  İ  L  O  M  E  T  R  E  G  Y
C  Q  O  I  N  K  O  N  D  A  L  I  K  Ü
I  M  V  T  Ç  A  O  A  Ğ  I  R  L  I  K
M  M  L  L  K  L  F  F  L  I  L  Y  S
R  H  R  E  Q  U  O  O  D  E  R  E  C  E
U  Z  U  N  L  U  K  N  S  V  R  D  D  K
R  J  Y  B  M  L  Z  O  S  G  R  A  M  L
A  B  M  D  A  K  İ  K  A  O  A  O  P  I
E  Z  Z  G  Y  Y  G  E  N  I  Ş  L  I  K
I  H  V  U  N  P  T  L  Q  Q  N  Z  A  O
V  D  E  R  I  N  L  I  K  L  İ  T  R  E
U  T  B  H  K  İ  L  O  G  R  A  M  P  S
S  A  N  T  İ  M  E  T  R  E  J  Z  B  J
```

YÜKSEKLIK	UZUNLUK
GENIŞLIK	KITLE
BAYT	METRE
SANTİMETRE	DAKİKA
ONDALIK	ONS
DERECE	AĞIRLIK
GRAM	DERINLIK
KİLOGRAM	İNÇ
KİLOMETRE	TON
LİTRE	HACIM

96 - Barcos

```
K Y E D F D G G H R E K C D
B A M A E E T E B I Z K Z E
M T O L R N E H I R S Ç Z N
Ü G T G İ İ İ G Y U Y A N İ
R E O A B Z P Z Ö F E P L Z
E L R L O O D L C L L A D C
T G M A T K İ D E İ K T E İ
T I P R O Y R U M Q E C N L
E T B I I A E H N D N L I İ
B F G S Z N K V M I L M Z K
A A E N A U O R U F İ R N A
T O M M T S N T Y V R Q Q N
Ş A M A N D I R A P Y N Y O
F Z D G J Y Q J J K N P E Y
```

ÇAPA	DENİZCİLİK
SAL	DİREK
ŞAMANDIRA	MOTOR
KANO	DENİZ
IP	OKYANUS
FERİBOT	DALGALAR
GÖL	NEHIR
DENIZ	MÜRETTEBAT
GELGIT	YELKENLİ
DENİZCİ	YAT

97 - Antártida

```
B  İ  L  İ  M  S  E  L  M  T  S  P  B  Z
T  N  T  H  P  U  F  L  İ  F  I  E  J  N
C  O  Ğ  R  A  F  Y  A  N  S  C  N  C  K
E  İ  F  O  T  V  E  L  E  U  A  G  H  S
K  U  Ş  L  A  R  R  Y  R  P  K  U  K  B
B  U  L  U  T  L  A  R  A  Q  L  E  T  L
K  B  K  B  U  Z  B  G  L  Y  I  N  M  M
A  O  U  A  K  O  Y  J  L  A  K  H  Y  A
I  S  R  Z  Y  S  E  F  E  R  H  G  Ö  Ç
S  M  M  U  U  A  Y  K  R  I  U  Y  E  J
R  S  R  H  M  L  L  C  S  M  J  B  R  P
Q  Y  G  E  E  A  L  I  Q  A  S  F  U  S
A  D  A  L  A  R  Z  A  K  D  V  G  S  Q
Q  K  I  T  A  V  T  Q  R  A  A  Z  O  J
```

SU	ADALAR
KOY	GÖÇ
BILIMSEL	MİNERALLER
KORUMA	BULUTLAR
KITA	KUŞLAR
SEFER	YARIMADA
COĞRAFYA	PENGUEN
BUZULLAR	KAYALIK
BUZ	SICAKLIK

98 - Piratas

```
E  C  D  Z  M  Ü  R  E  T  T  E  B  A  T
V  F  O  M  O  P  Z  B  K  T  K  M  S  B
L  T  S  İ  K  K  E  Y  T  C  V  A  D  A
Q  G  P  A  P  A  Ğ  A  N  V  S  C  M  Y
L  Z  D  C  N  C  L  P  I  F  B  E  A  R
B  U  S  H  T  E  H  L  I  K  E  R  Ğ  A
Y  S  E  H  J  N  A  A  A  I  Q  A  A  K
Z  A  V  E  S  E  R  J  Z  L  I  E  R  Ö
Q  P  R  B  G  N  İ  Z  S  I  L  O  A  T
C  U  H  A  G  L  T  R  J  Ç  N  M  D  Ü
D  S  U  V  İ  K  A  P  T  A  N  E  R  R
Q  U  G  K  E  Z  B  G  E  P  D  S  O  U
A  L  T  I  N  V  İ  B  V  A  Y  O  M  P
U  A  T  F  Q  M  H  R  Q  K  J  I  A  I
```

ÇAPA	PAPAĞAN
MACERA	KÖTÜ
BAYRAK	HARİTA
PUSULA	SİKKE
KAPTAN	ALTIN
YARA İZİ	TEHLIKE
MAĞARA	PLAJ
KILIÇ	ROM
ADA	HAZINE
EFSANE	MÜRETTEBAT

99 - Mamíferos

```
Q  Y  T  R  Y  P  J  I  J  Z  G  G  G  Y
J  Q  D  Z  E  B  R  A  F  I  L  M  R  M
K  Ö  P  E  K  D  K  G  T  E  F  A  Y  I
T  A  V  Ş  A  N  E  E  M  S  L  Y  L  Z
C  K  K  L  N  V  P  V  D  I  M  M  Z  Ç
C  E  T  R  M  E  H  T  E  İ  P  U  O  A
C  K  S  P  Q  K  N  B  A  L  I  N  A  K
Q  O  N  V  T  H  G  Z  Z  Ü  R  A  F  A
Y  Y  N  V  B  G  E  Ş  E  K  S  L  H  L
U  U  O  H  U  T  H  E  B  U  T  L  J  I
N  N  L  P  E  Z  K  G  O  R  İ  L  R  C
U  K  N  Q  V  Z  L  V  Ğ  T  V  G  S  O
S  T  İ  L  K  İ  M  K  A  N  G  U  R  U
U  Y  S  I  B  A  K  U  E  P  Z  S  L  L
```

BALINA	KEDİ
EŞEK	GORİL
AT	ZÜRAFA
DEVE	KURT
KANGURU	MAYMUN
ZEBRA	AYI
TAVŞAN	KOYUN
ÇAKAL	KÖPEK
YUNUS	BOĞA
FIL	TİLKİ

100 - Abejas

```
T O Z L A Y I C I M S Ç A E
G M Y V S Ü R Ü O P T E K K
Ü V K K O N P O L E N Ş O O
N U F H A O T G S J A I V S
E L Ç İ Ç E K L I K Z T A İ
Ş B İ T K İ L E R D H L N S
C M Ç I H P M J Z B A I B T
B B E K A N A T L A R L A E
Ö A K R A L I Ç E M A I L M
C H L T Y B H O D O E K K O
E Ç E M A G V U C F S Y I P
K E R D U M A N S B H M V P
J D Z B Y M F A Y D A L I E
C N L F P H U G Y B O P L F
```

KANATLAR

FAYDALI

BALMUMU

KOVAN

GIDA

ÇEŞITLILIK

EKOSİSTEM

SÜRÜ

ÇİÇEK

ÇİÇEKLER

MEYVE

DUMAN

BÖCEK

BAHÇE

BAL

BİTKİLER

POLEN

TOZLAYICI

KRALIÇE

GÜNEŞ

1 - Ajedrez

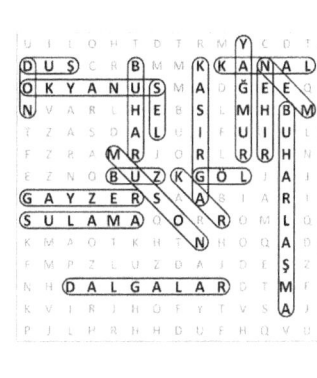

2 - Agua

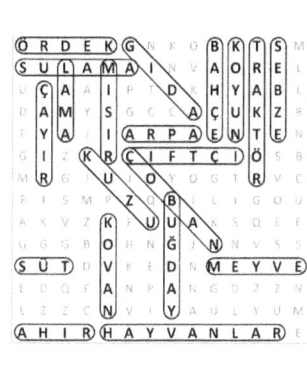

3 - Granja #2

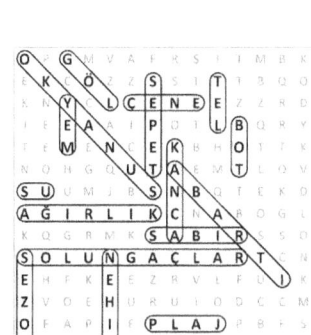

4 - Pesca

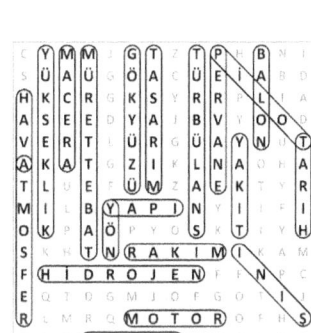

5 - Aviones

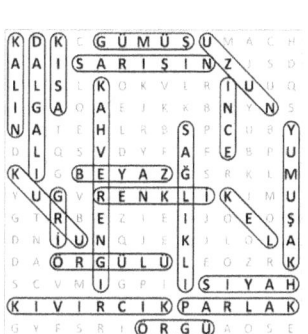

6 - Tipos de Cabello

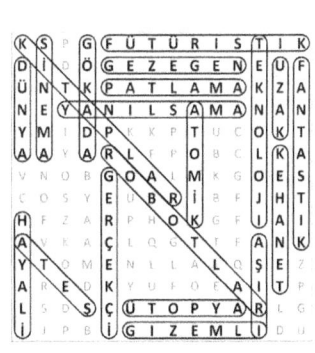

7 - Herramientas de Cocina

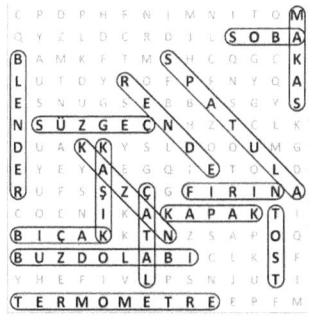

8 - Ciencia Ficción

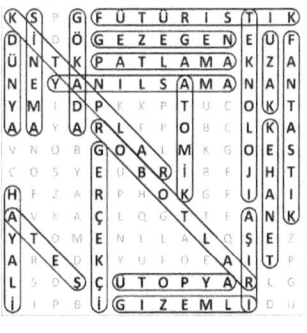

9 - Juguetes

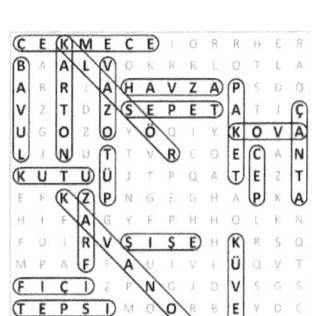

10 - Circo

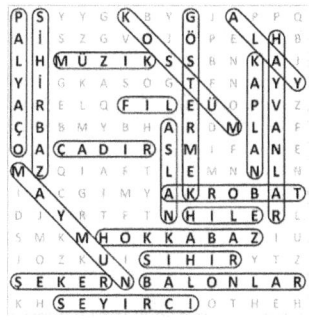

11 - Rellenar

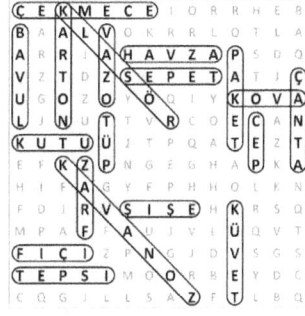

12 - Granja #1

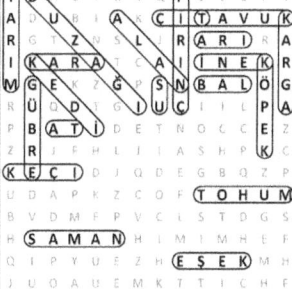

13 - Camping

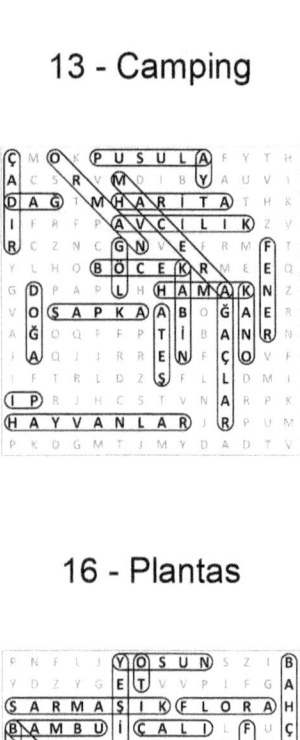

14 - Fruta

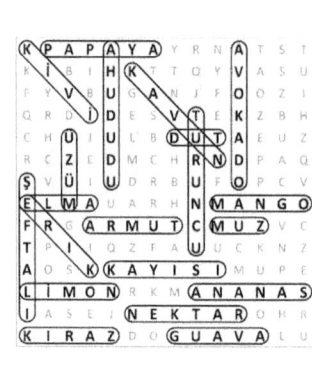

15 - Geología

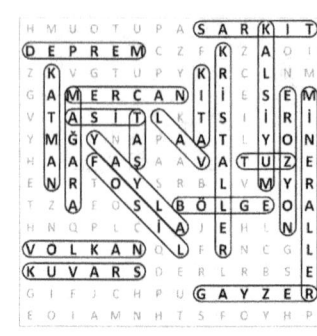

16 - Plantas

17 - Suministros de Arte

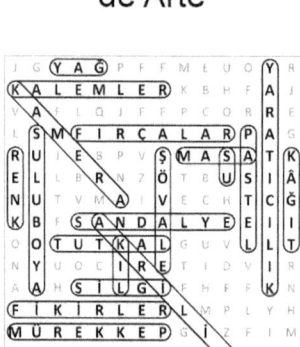

18 - Jardín

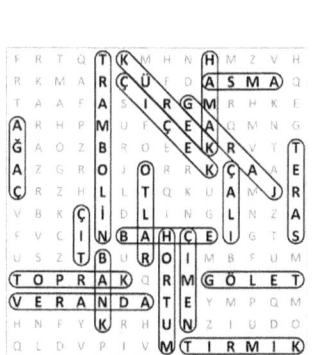

19 - Países #2

20 - Tecnología

21 - Números

22 - Mitología

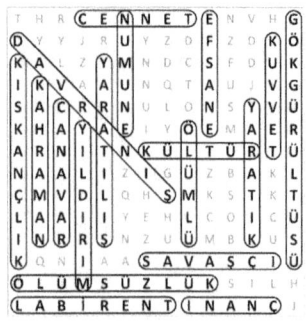

23 - Ecología

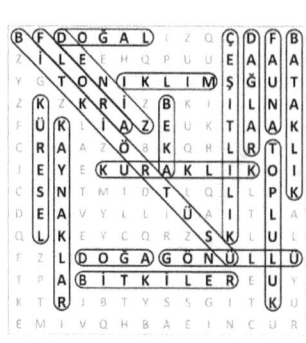

24 - Herramientas

25 - Casa

26 - Artes Visuales

27 - Escuela #2

28 - Selva Tropical

29 - Colores

30 - Adjetivos #1

31 - Familia

32 - Disciplinas Científicas

33 - Gatos

34 - Cocina

35 - Escuela #1

36 - Adjetivos #2

37 - Cuerpo Humano

38 - Ciencia

39 - Dinosaurios

40 - Restaurante #2

41 - Profesiones #1

42 - Vehículos

43 - Vacaciones #2

44 - Cumpleaños

45 - Baile

46 - Matemáticas

47 - Restaurante #1

48 - Profesiones #2

49 - Senderismo

50 - Naturaleza

51 - Vacaciones #1

52 - Conduciendo

53 - Ballet

54 - Aventura

55 - Pájaros

56 - Playa

57 - Surf

58 - Geografía

59 - Deportes

60 - Actividades

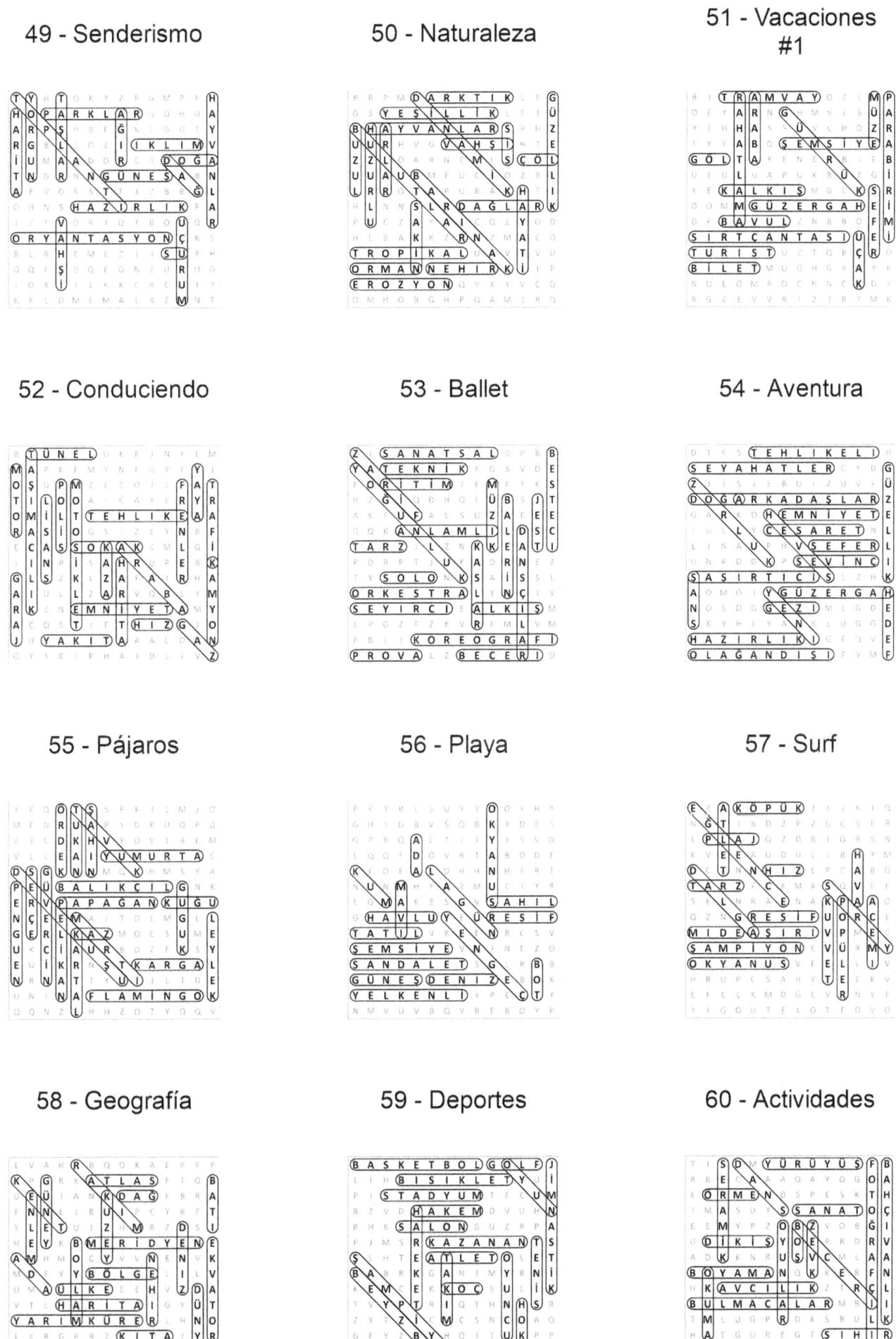

61 - Verduras

62 - Instrumentos Musicales

63 - Mascotas

64 - Formas

65 - Flores

66 - Astronomía

67 - Tiempo

68 - Paisajes

69 - Días y Meses

70 - Chocolate

71 - Barbacoas

72 - Ropa

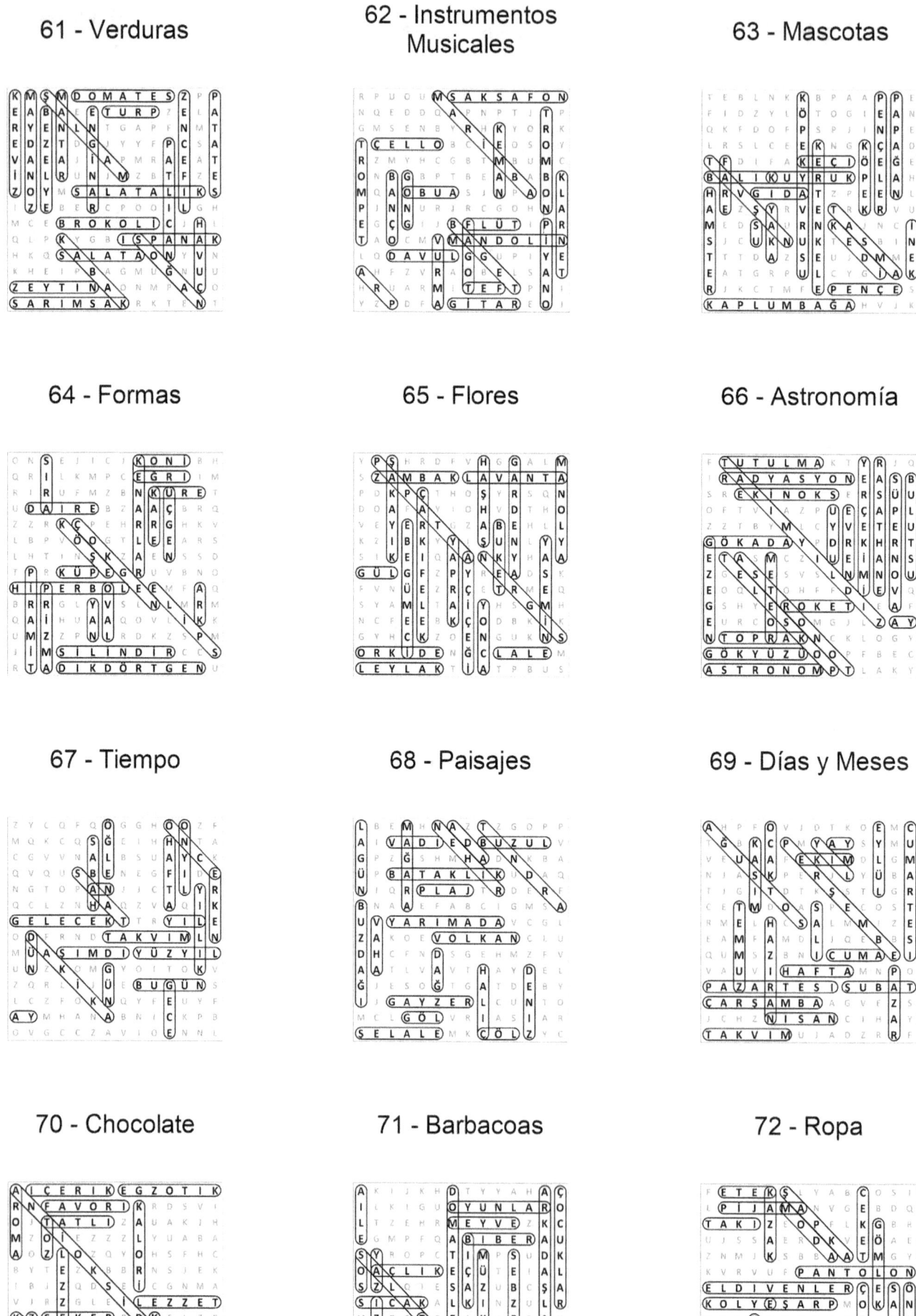

73 - Meditación

74 - Comedia

75 - Libros

76 - Nutrición

77 - Bondad

78 - Edificios

79 - Océano

80 - Ciudad

81 - Campeonato

82 - Actividades y Ocio

83 - Comida #1

84 - Virtudes #1

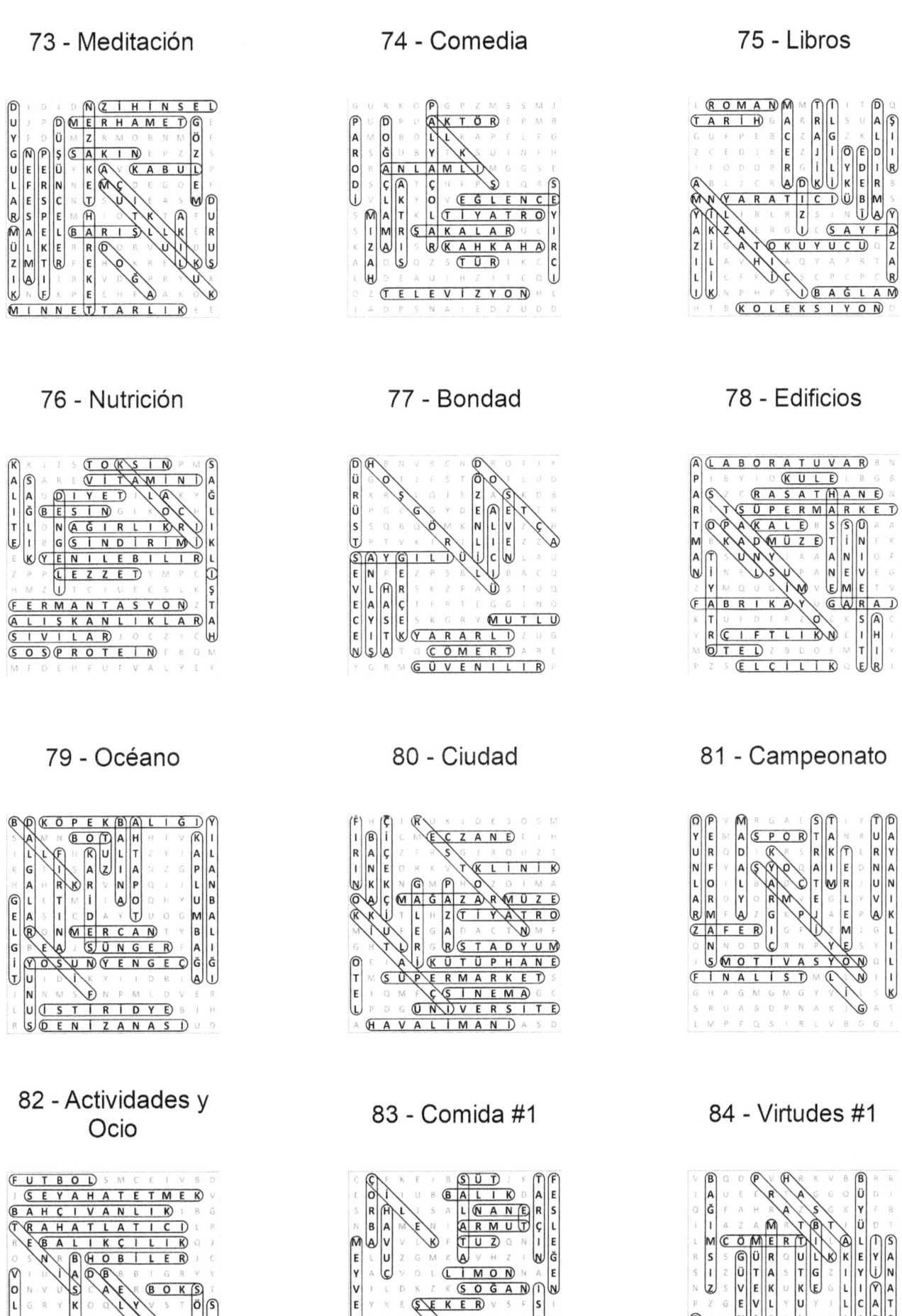

85 - Literatura

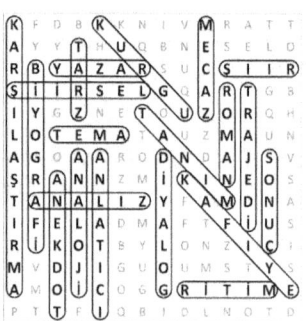

86 - Baño

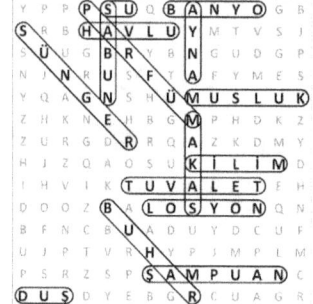

87 - Clima

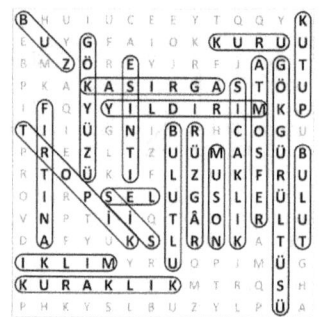

88 - Comida #2

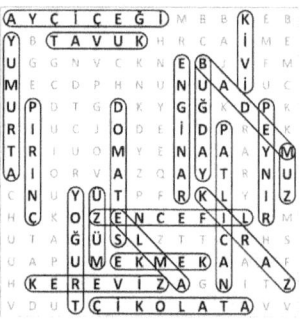

89 - Castillos

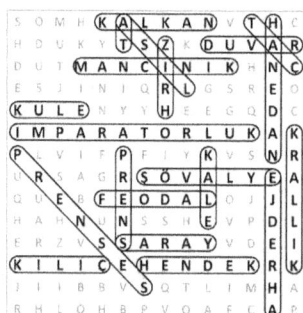

90 - Herboristería

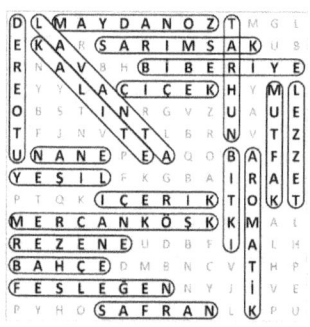

91 - Verano

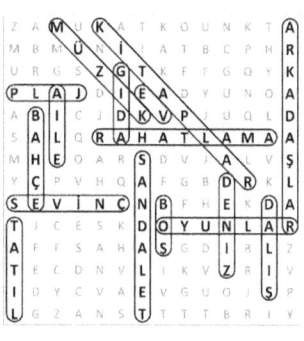

92 - Insectos

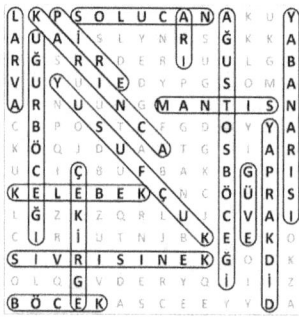

93 - Especias

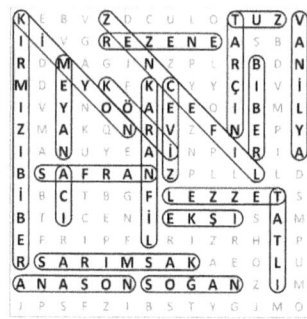

94 - Emociones

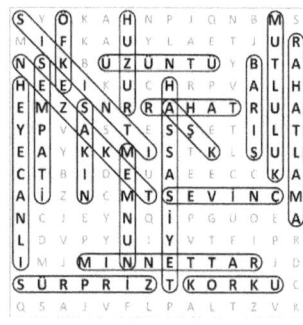

95 - Mediciones

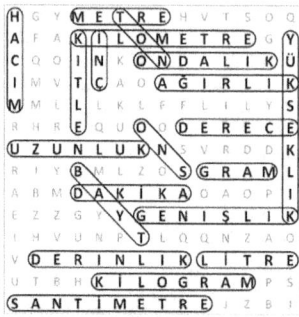

96 - Barcos

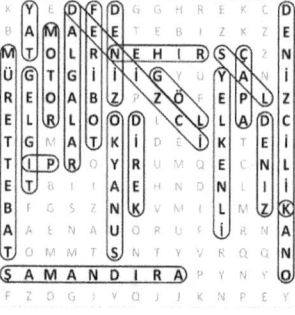

97 - Antártida

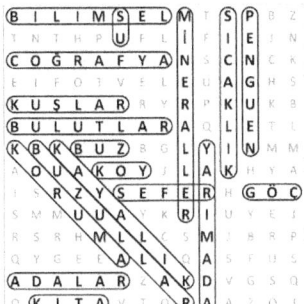

98 - Piratas

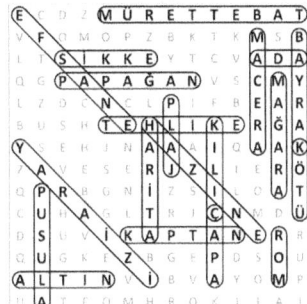

99 - Mamíferos

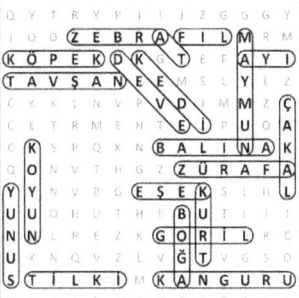

100 - Abejas

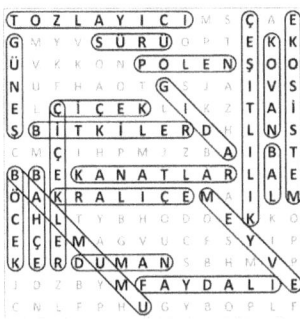

Diccionario

Abejas
Arılar

Alas	Kanatlar
Beneficioso	Faydali
Cera	Balmumu
Colmena	Kovan
Comida	Gida
Diversidad	Çeşitlilik
Ecosistema	Ekosistem
Enjambre	Sürü
Flor	Çiçek
Flores	Çiçekler
Fruta	Meyve
Humo	Duman
Insecto	Böcek
Jardín	Bahçe
Miel	Bal
Plantas	Bitkiler
Polen	Polen
Polinizador	Tozlayici
Reina	Kraliçe
Sol	Güneş

Actividades
Etkinlikler

Arte	Sanat
Baile	Dans
Caza	Avcilik
Cerámica	Seramik
Costura	Dikiş
Fotografía	Fotoğrafçilik
Habilidad	Beceri
Jardinería	Bahçivanlik
Juegos	Oyunlar
Lectura	Okuma
Magia	Sihir
Ocio	Boş
Pesca	Balikçilik
Pintura	Boyama
Placer	Zevk
Relajación	Rahatlama
Rompecabezas	Bulmacalar
Senderismo	Yürüyüş
Tejer	Örme

Actividades y Ocio
Aktiviteler ve boş Zaman

Aficiones	Hobiler
Arte	Sanat
Baloncesto	Basketbol
Béisbol	Beyzbol
Boxeo	Boks
Buceo	Daliş
Fútbol	Futbol
Golf	Golf
Jardinería	Bahçivanlik
Natación	Yüzme
Pesca	Balikçilik
Pintura	Boyama
Relajante	Rahatlatici
Senderismo	Yürüyüş
Surf	Sörf
Tenis	Tenis
Viaje	Seyahat Etmek
Voleibol	Voleybol

Adjetivos #1
Sıfatlar #1

Absoluto	Mutlak
Activo	Etkin
Ambicioso	Hirsli
Aromático	Aromatik
Atractivo	Çekici
Brillante	Parlak
Enorme	Kocaman
Exótico	Egzotik
Generoso	Cömert
Grande	Büyük
Honesto	Dürüst
Importante	Önemli
Inocente	Masum
Joven	Genç
Lento	Yavaş
Moderno	Modern
Oscuro	Karanlik
Perfecto	Kusursuz
Pesado	Ağir
Valioso	Değerli

Adjetivos #2
Sıfatlar #2

Cansado	Yorgun
Comestible	Yenilebilir
Creativo	Yaratici
Descriptivo	Açiklayici
Dramático	Dramatik
Elegante	Zarif
Famoso	Ünlü
Fresco	Taze
Fuerte	Güçlü
Interesante	Enteresan
Natural	Doğal
Normal	Normal
Nuevo	Yeni
Orgulloso	Gururlu
Picante	Baharatli
Productivo	Üretken
Responsable	Sorumlu
Salado	Tuzlu
Saludable	Sağlikli
Seco	Kuru

Agua
Suçlu

Canal	Kanal
Ducha	Duş
Evaporación	Buharlaşma
Géiser	Gayzer
Helada	Don
Hielo	Buz
Humedad	Nem
Huracán	Kasirga
Inundación	Sel
Lago	Göl
Lluvia	Yağmur
Monzón	Muson
Nieve	Kar
Océano	Okyanus
Olas	Dalgalar
Riego	Sulama
Río	Nehir
Vapor	Buhar

Ajedrez
Satranç

Aprender	Öğrenmek
Blanco	Beyaz
Campeón	Şampiyon
Concurso	Yarişma
Diagonal	Çapraz
Estrategia	Strateji
Juego	Oyun
Jugador	Oyuncu
Negro	Siyah
Oponente	Rakip
Pasivo	Pasif
Reglas	Tüzük
Reina	Kraliçe
Rey	Kral
Sacrificio	Kurban
Tiempo	Zaman
Torneo	Turnuva

Antártida
Antarktika

Agua	Su
Bahía	Koy
Científico	Bilimsel
Conservación	Koruma
Continente	Kita
Expedición	Sefer
Geografía	Coğrafya
Glaciares	Buzullar
Hielo	Buz
Investigador	Araştirmaci
Islas	Adalar
Migración	Göç
Minerales	Mineraller
Nubes	Bulutlar
Pájaros	Kuşlar
Península	Yarimada
Pingüinos	Penguen
Rocoso	Kayalik
Temperatura	Sicaklik
Topografía	Topoğrafya

Artes Visuales
Görsel Sanatlar

Arcilla	Kil
Arquitectura	Mimari
Artista	Sanatçi
Caballete	Şövale
Cera	Balmumu
Composición	Kompozisyon
Creatividad	Yaraticilik
Escultura	Heykel
Fotografía	Fotoğraf
Lápiz	Kalem
Obra Maestra	Başyapit
Película	Film
Perspectiva	Perspektif
Pintura	Boyama
Plantilla	Şablon
Retrato	Portre
Tiza	Tebeşir

Astronomía
Astronomi

Astronauta	Astronot
Astrónomo	Astronom
Cielo	Gökyüzü
Cohete	Roket
Constelación	Takimyildiz
Eclipse	Tutulma
Equinoccio	Ekinoks
Galaxia	Gökada
Gravedad	Yerçekimi
Luna	Ay
Meteoro	Meteor
Nebulosa	Bulutsu
Observatorio	Rasathane
Planeta	Gezegen
Radiación	Radyasyon
Satélite	Uydu
Supernova	Süpernova
Telescopio	Teleskop
Tierra	Toprak
Universo	Evren

Aventura
Macera

Alegría	Sevinç
Amigos	Arkadaşlar
Belleza	Güzellik
Destino	Hedef
Dificultad	Zorluk
Entusiasmo	Heves
Excursión	Gezi
Inusual	Olağan Dişi
Itinerario	Güzergah
Naturaleza	Doğa
Navegación	Sefer
Nuevo	Yeni
Oportunidad	Şans
Peligroso	Tehlikeli
Preparación	Hazirlik
Seguridad	Emniyet
Sorprendente	Şaşirtici
Valentía	Cesaret
Viajes	Seyahatler

Aviones
Uçaklar

Aire	Hava
Altitud	Rakim
Altura	Yükseklik
Aterrizaje	Iniş
Atmósfera	Atmosfer
Aventura	Macera
Cielo	Gökyüzü
Combustible	Yakit
Construcción	Yapi
Dirección	Yön
Diseño	Tasarim
Globo	Balon
Hélices	Pervane
Hidrógeno	Hidrojen
Historia	Tarih
Motor	Motor
Pasajero	Yolcu
Piloto	Pilot
Tripulación	Mürettebat
Turbulencia	Türbülans

Baile
Dans

Academia	Akademi
Alegre	Neşeli
Arte	Sanat
Clásico	Klasik
Coreografía	Koreografi
Cuerpo	Vücut
Cultura	Kültür
Cultural	Kültürel
Emoción	Duygu
Ensayo	Prova
Expresivo	Anlamli
Gracia	Lütuf
Movimiento	Hareket
Música	Müzik
Postura	Duruş
Ritmo	Ritim
Socio	Ortak
Tradicional	Geleneksel
Visual	Görsel

Ballet
Bale

Agraciado	Zarif
Aplauso	Alkiş
Artístico	Sanatsal
Audiencia	Seyirci
Bailarina	Balerin
Bailarines	Dansçilar
Compositor	Besteci
Coreografía	Koreografi
Ensayo	Prova
Estilo	Tarz
Expresivo	Anlamli
Gesto	Jest
Habilidad	Beceri
Intensidad	Yoğunluk
Músculos	Kaslar
Música	Müzik
Orquesta	Orkestra
Ritmo	Ritim
Solo	Solo
Técnica	Teknik

Baño
Banyo

Agua	Su
Alfombra	Kilim
Aseo	Tuvalet
Baño	Banyo
Champú	Şampuan
Ducha	Duş
Espejo	Ayna
Esponja	Sünger
Grifo	Musluk
Jabón	Sabun
Loción	Losyon
Perfume	Parfüm
Tijeras	Makas
Toalla	Havlu
Vapor	Buhar

Barbacoas
Barbeküler

Amigos	Arkadaşlar
Caliente	Sicak
Cebollas	Soğan
Comida	Gida
Cuchillos	Biçak
Ensaladas	Salatalar
Familia	Aile
Fruta	Meyve
Hambre	Açlik
Juegos	Oyunlar
Música	Müzik
Niños	Çocuklar
Parrilla	Izgara
Pimienta	Biber
Pollo	Tavuk
Sal	Tuz
Salsa	Sos
Tomates	Domatesler
Verano	Yaz
Verduras	Sebzeler

Barcos
Tekneler

Ancla	Çapa
Balsa	Sal
Boya	Şamandira
Canoa	Kano
Cuerda	Ip
Ferry	Feribot
Lago	Göl
Mar	Deniz
Marea	Gelgit
Marinero	Denizci
Marítimo	Denizcilik
Mástil	Direk
Motor	Motor
Náutico	Deniz
Océano	Okyanus
Olas	Dalgalar
Río	Nehir
Tripulación	Mürettebat
Velero	Yelkenli
Yate	Yat

Bondad
Nezaket

Afectuoso	Sevecen
Amistoso	Dostça
Amoroso	Seven
Atento	Özenli
Comprensión	Anlayiş
Feliz	Mutlu
Fiable	Güvenilir
Generoso	Cömert
Genuino	Gerçek
Honesto	Dürüst
Hospitalario	Misafirperver
Paciente	Hasta
Receptivo	Alici
Respetuoso	Saygili
Tolerante	Hoşgörülü
Útil	Yararli

Campeonato
Şampiyonluk

Campeón	Şampiyon
Deportes	Spor
Entrenador	Koç
Equipo	Takim
Estrategia	Strateji
Finalista	Finalist
Juegos	Oyunlar
Juez	Yargiç
Liga	Lig
Medalla	Madalya
Motivación	Motivasyon
Rendimiento	Performans
Resistencia	Dayaniklilik
Torneo	Turnuva
Transpiración	Terleme
Victoria	Zafer

Camping
Kamp Yapmak

Animales	Hayvanlar
Aventura	Macera
Árboles	Ağaçlar
Bosque	Orman
Brújula	Pusula
Cabina	Kabin
Canoa	Kano
Carpa	Çadir
Caza	Avcilik
Cuerda	Ip
Fuego	Ateş
Hamaca	Hamak
Insecto	Böcek
Lago	Göl
Linterna	Fener
Luna	Ay
Mapa	Harita
Montaña	Dağ
Naturaleza	Doğa
Sombrero	Şapka

Casa
Ev

Alfombra	Kilim
Ático	Çati Kati
Biblioteca	Kütüphane
Chimenea	Baca
Cocina	Mutfak
Dormitorio	Yatak Odasi
Ducha	Duş
Escoba	Süpürge
Espejo	Ayna
Garaje	Garaj
Grifo	Musluk
Jardín	Bahçe
Lámpara	Lamba
Pared	Duvar
Piso	Zemin
Puerta	Kapi
Sótano	Bodrum
Techo	Çati
Valla	Çit
Ventana	Pencere

Castillos
Kaleler

Armadura	Zirh
Caballero	Şövalye
Caballo	At
Catapulta	Mancinik
Corona	Taç
Dinastía	Hanedan
Dragón	Ejderha
Escudo	Kalkan
Espada	Kiliç
Feudal	Feodal
Fortaleza	Kale
Foso	Hendek
Imperio	Imparatorluk
Noble	Asil
Palacio	Saray
Pared	Duvar
Princesa	Prenses
Príncipe	Prens
Reino	Krallik
Torre	Kule

Chocolate
Çikolatalı

Amargo	Aci
Antioxidante	Antioksidan
Aroma	Aroma
Artesanal	Zanaat
Azúcar	Şeker
Cacao	Kakao
Calidad	Kalite
Calorías	Kalori
Caramelo	Karamel
Comer	Yemek
Delicioso	Lezzetli
Dulce	Tatli
Exótico	Egzotik
Favorito	Favori
Gusto	Tat
Ingrediente	Içerik
Polvo	Toz
Sabor	Lezzet

Ciencia
Bilim

Átomo	Atom
Clima	Iklim
Datos	Veri
Evolución	Evrim
Experimento	Deney
Física	Fizik
Fósil	Fosil
Gravedad	Yerçekimi
Hecho	Gerçek
Hipótesis	Hipotez
Laboratorio	Laboratuvar
Método	Yöntem
Minerales	Mineraller
Moléculas	Molekül
Naturaleza	Doğa
Observación	Gözlem
Organismo	Organizma
Partículas	Parçaciklar
Plantas	Bitkiler
Químico	Kimyasal

Ciencia Ficción
Bilim Kurgu

Atómico	Atomik
Cine	Sinema
Distante	Uzak
Explosión	Patlama
Extremo	Aşiri
Fantástico	Fantastik
Fuego	Ateş
Futurista	Fütüristik
Galaxia	Gökada
Ilusión	Yanilsama
Imaginario	Hayali
Libros	Kitaplar
Misterioso	Gizemli
Mundo	Dünya
Oráculo	Kehanet
Planeta	Gezegen
Realista	Gerçekçi
Robots	Robotlar
Tecnología	Teknoloji
Utopía	Ütopya

Circo
Sirk

Acróbata	Akrobat
Animales	Hayvanlar
Caramelo	Şeker
Carpa	Çadir
Desfile	Alay
Elefante	Fil
Espectacular	Muhteşem
Espectador	Seyirci
Globos	Balonlar
León	Aslan
Magia	Sihir
Mago	Sihirbaz
Malabarista	Hokkabaz
Mono	Maymun
Mostrar	Göstermek
Música	Müzik
Payaso	Palyaço
Tigre	Kaplan
Traje	Kostüm
Truco	Hile

Ciudad
Kasaba

Aeropuerto	Havalimani
Banco	Banka
Biblioteca	Kütüphane
Cine	Sinema
Clínica	Klinik
Escuela	Okul
Estadio	Stadyum
Farmacia	Eczane
Florista	Çiçekçi
Galería	Galeri
Hotel	Otel
Librería	Kitapçi
Mercado	Pazar
Museo	Müze
Panadería	Firin
Restaurante	Restoran
Supermercado	Süpermarket
Teatro	Tiyatro
Tienda	Mağaza
Universidad	Üniversite

Clima
Hava

Atmósfera	Atmosfer
Brisa	Esinti
Cielo	Gökyüzü
Clima	Iklim
Hielo	Buz
Inundación	Sel
Monzón	Muson
Niebla	Sis
Nube	Bulut
Nublado	Bulutlu
Polar	Kutup
Rayo	Yildirim
Seco	Kuru
Sequía	Kuraklik
Temperatura	Sicaklik
Tormenta	Firtina
Tornado	Kasirga
Tropical	Tropik
Trueno	Gök Gürültüsü
Viento	Rüzgâr

Cocina
Mutfak

Caldera	Kazan
Comer	Yemek
Comida	Gida
Congelador	Dondurucu
Cucharas	Kaşik
Cucharón	Kepçe
Cuchillos	Biçak
Delantal	Önlük
Especias	Baharat
Esponja	Sünger
Horno	Firin
Jarra	Sürahi
Parrilla	Izgara
Refrigerador	Buzdolabi
Servilleta	Peçete
Tarro	Kavanoz
Tazas	Bardak
Tazón	Tas
Tenedores	Çatallar

Colores
Renk

Amarillo	Sari
Azul	Mavi
Beige	Bej
Blanco	Beyaz
Cian	Camgöbeği
Fucsia	Fuşya
Gris	Gri
Marrón	Kahverengi
Naranja	Turuncu
Negro	Siyah
Púrpura	Mor
Rojo	Kirmizi
Rosa	Pembe
Sepia	Sepya
Verde	Yeşil
Violeta	Menekşe

Comedia
Komedi

Actor	Aktör
Actriz	Aktris
Aplauso	Alkiş
Audiencia	Seyirci
Chistes	Şakalar
Diversión	Eğlence
Expresivo	Anlamli
Género	Tür
Humor	Mizah
Improvisación	Doğaçlama
Parodia	Parodi
Payasos	Palyaçolar
Risa	Kahkaha
Teatro	Tiyatro
Televisión	Televizyon

Comida #1
Yemek #1

Ajo	Sarimsak
Albahaca	Fesleğen
Atún	Balik
Azúcar	Şeker
Canela	Tarçin
Carne	Et
Cebada	Arpa
Cebolla	Soğan
Ensalada	Salata
Espinacas	Ispanak
Fresa	Çilek
Jugo	Meyve Suyu
Leche	Süt
Limón	Limon
Menta	Nane
Nabo	Şalgam
Pera	Armut
Sal	Tuz
Sopa	Çorba
Zanahoria	Havuç

Comida #2
Yemek #2

Alcachofa	Enginar
Almendra	Badem
Apio	Kereviz
Arroz	Pirinç
Berenjena	Patlican
Cereza	Kiraz
Chocolate	Çikolata
Girasol	Ayçiçeği
Huevo	Yumurta
Jengibre	Zencefil
Kiwi	Kivi
Manzana	Elma
Pan	Ekmek
Plátano	Muz
Pollo	Tavuk
Queso	Peynir
Tomate	Domates
Trigo	Buğday
Uva	Üzüm
Yogur	Yoğurt

Conduciendo
Sürüş

Accidente	Kaza
Calle	Sokak
Camión	Kamyon
Coche	Araba
Combustible	Yakit
Frenos	Frenler
Garaje	Garaj
Gas	Gaz
Licencia	Lisans
Mapa	Harita
Motocicleta	Motosiklet
Motor	Motor
Peatonal	Yaya
Peligro	Tehlike
Policía	Polis
Seguridad	Emniyet
Transporte	Taşimacilik
Tráfico	Trafik
Túnel	Tünel
Velocidad	Hiz

Cuerpo Humano
İnsan Vücudu

Barbilla	Çene
Boca	Ağiz
Cabeza	Baş
Cara	Yuz
Cerebro	Beyin
Codo	Dirsek
Corazón	Kalp
Cuello	Boyun
Dedo	Parmak
Hombro	Omuz
Lengua	Dil
Mano	El
Nariz	Burun
Ojo	Göz
Oreja	Kulak
Piel	Cilt
Pierna	Bacak
Rodilla	Diz
Sangre	Kan
Tobillo	Ayak Bileği

Cumpleaños
Doğum Günü

Alegre	Neşeli
Amigos	Arkadaşlar
Año	Yil
Aprender	Öğrenmek
Calendario	Takvim
Canción	Şarki
Celebración	Kutlama
Diversión	Eğlence
Día	Gün
Especial	Özel
Feliz	Mutlu
Joven	Genç
Nacer	Doğmuş
Partido	Taraf
Pastel	Kek
Regalo	Hediye
Sabiduría	Bilgelik
Tarjetas	Kart
Tiempo	Zaman
Velas	Mumlar

Deportes
Spor

Atleta	Atlet
Árbitro	Hakem
Baloncesto	Basketbol
Béisbol	Beyzbol
Bicicleta	Bisiklet
Campeonato	Şampiyon
Entrenador	Koç
Equipo	Takim
Estadio	Stadyum
Ganador	Kazanan
Gimnasia	Jimnastik
Gimnasio	Salon
Golf	Golf
Hockey	Hokey
Juego	Oyun
Jugador	Oyuncu
Movimiento	Hareket
Tenis	Tenis

Dinosaurios
Dinozorlar

Alas	Kanatlar
Cola	Kuyruk
Desaparición	Kaybolma
Enorme	Devasa
Evolución	Evrim
Fósiles	Fosiller
Grande	Büyük
Herbívoro	Otçul
Mamut	Mamut
Omnívoro	Omnivore
Poderoso	Güçlü
Prehistórico	Prehistorik
Presa	Av
Reptil	Sürüngen
Tamaño	Boyut
Tierra	Toprak
Vicioso	Kötü

Disciplinas Científicas
Bilimsel Disiplinler

Anatomía	Anatomi
Arqueología	Arkeoloji
Astronomía	Astronomi
Biología	Biyoloji
Bioquímica	Biyokimya
Botánica	Botanik
Ecología	Ekoloji
Fisiología	Fizyoloji
Geología	Jeoloji
Inmunología	İmmünoloji
Lingüística	Dilbilim
Mecánica	Mekanik
Meteorología	Meteoroloji
Mineralogía	Mineraloji
Neurología	Nöroloji
Psicología	Psikoloji
Química	Kimya
Sociología	Sosyoloji
Termodinámica	Termodinamik
Zoología	Zooloji

Días y Meses
Günler ve Aylar

Abril	Nisan
Agosto	Ağustos
Año	Yil
Calendario	Takvim
Domingo	Pazar
Enero	Ocak
Febrero	Şubat
Jueves	Perşembe
Julio	Temmuz
Junio	Haziran
Lunes	Pazartesi
Martes	Sali
Mes	Ay
Miércoles	Çarşamba
Noviembre	Kasim
Octubre	Ekim
Sábado	Cumartesi
Semana	Hafta
Septiembre	Eylül
Viernes	Cuma

Ecología
Ekoloji

Clima	Iklim
Comunidades	Topluluk
Diversidad	Çeşitlilik
Fauna	Fauna
Flora	Flora
Global	Küresel
Marino	Deniz
Montañas	Dağlar
Natural	Doğal
Naturaleza	Doğa
Pantano	Bataklik
Plantas	Bitkiler
Recursos	Kaynaklar
Sequía	Kuraklik
Supervivencia	Beka
Vegetación	Bitki Örtüsü
Voluntarios	Gönüllü

Edificios
Site

Albergue	Pansiyon
Apartamento	Apartman
Castillo	Kale
Cine	Sinema
Embajada	Elçilik
Escuela	Okul
Estadio	Stadyum
Fábrica	Fabrika
Garaje	Garaj
Granero	Ahir
Granja	Çiftlik
Hospital	Hastane
Hotel	Otel
Laboratorio	Laboratuvar
Museo	Müze
Observatorio	Rasathane
Supermercado	Süpermarket
Teatro	Tiyatro
Torre	Kule
Universidad	Üniversite

Emociones
Duygular

Aburrimiento	Sikinti
Agradecido	Minnettar
Alegría	Sevinç
Alivio	Rahatlama
Amor	Aşk
Beatitud	Mutluluk
Bondad	Nezaket
Calma	Sakin
Emocionado	Heyecanli
Ira	Öfke
Miedo	Korku
Paz	Bariş
Relajado	Rahat
Satisfecho	Memnun
Simpatía	Sempati
Sorpresa	Sürpriz
Ternura	Hassasiyet
Tranquilidad	Huzur
Tristeza	Üzüntü

Escuela #1
Okul #1

Alfabeto	Alfabe
Amigos	Arkadaşlar
Aprender	Öğrenmek
Aula	Sinif
Biblioteca	Kütüphane
Carpetas	Klasör
Diversión	Eğlence
Escribir	Yazmak
Escritorio	Masa
Exámenes	Sinav
Lápiz	Kalem
Leer	Okumak
Libros	Kitaplar
Matemática	Matematik
Números	Sayilar
Papel	Kâğit
Plumas	Kalemler
Profesor	Öğretmen
Respuestas	Cevap
Silla	Sandalye

Escuela #2
Okul #2

Académico	Akademik
Autobús	Otobüs
Biblioteca	Kütüphane
Borrador	Silgi
Calendario	Takvim
Ciencia	Bilim
Diccionario	Sözlük
Educación	Eğitim
Gramática	Dilbilgisi
Juegos	Oyunlar
Lápiz	Kalem
Lectura	Okuma
Libros	Kitaplar
Literatura	Edebiyat
Mochila	Sirt Çantasi
Ordenador	Bilgisayar
Papel	Kâğit
Profesor	Öğretmen
Suministros	Gereçler
Tijeras	Makas

Especias
Baharat

Agrio	Ekşi
Ajo	Sarimsak
Amargo	Aci
Anís	Anason
Azafrán	Safran
Canela	Tarçin
Cebolla	Soğan
Clavo	Karanfil
Comino	Kimyon
Curry	Köri
Dulce	Tatli
Hinojo	Rezene
Jengibre	Zencefil
Nuez Moscada	Ceviz
Pimentón	Kirmizi Biber
Pimienta	Biber
Regaliz	Meyan
Sabor	Lezzet
Sal	Tuz
Vainilla	Vanilya

Familia
Aile

Abuela	Büyükanne
Abuelo	Büyük Baba
Antepasado	Ata
Esposa	Kadin Eş
Gemelos	İkizler
Hermana	Kiz Kardeş
Hermano	Erkek Kardeş
Hija	Kiz Evlat
Infancia	Çocukluk
Madre	Anne
Marido	Koca
Nieto	Torun
Niño	Çocuk
Niños	Çocuklar
Padre	Baba
Primo	Kuzen
Sobrina	Yeğen
Sobrino	Erkek Yeğen
Tía	Teyze
Tío	Amca

Flores
Çiçekler

Amapola	Haşhaş
Diente de León	Karahindiba
Gardenia	Gardenya
Girasol	Ayçiçeği
Hibisco	Ebegümeci
Jazmín	Yasemin
Lavanda	Lavanta
Lila	Leylak
Lirio	Zambak
Magnolia	Manolya
Margarita	Papatya
Narciso	Nergis
Orquídea	Orkide
Pasionaria	Çarkifelek
Peonía	Şakayik
Pétalo	Yaprak
Ramo	Buket
Rosa	Gül
Trébol	Yonca
Tulipán	Lale

Formas
Şekilliler

Arco	Ark
Bordes	Kenarlar
Cilindro	Silindir
Círculo	Daire
Cono	Koni
Cuadrado	Kare
Cubo	Küp
Curva	Eğri
Elipse	Elips
Esfera	Küre
Esquina	Köşe
Hipérbola	Hiperbol
Lado	Yan
Línea	Sira
Oval	Oval
Pirámide	Piramit
Polígono	Çokgen
Prisma	Prizma
Rectángulo	Dikdörtgen
Triángulo	Üçgen

Fruta
Meyve

Aguacate	Avokado
Albaricoque	Kayisi
Baya	Dut
Cereza	Kiraz
Ciruela	Erik
Frambuesa	Ahududu
Guayaba	Guava
Kiwi	Kivi
Limón	Limon
Mango	Mango
Manzana	Elma
Melocotón	Şeftali
Melón	Kavun
Naranja	Turuncu
Nectarina	Nektar
Papaya	Papaya
Pera	Armut
Piña	Ananas
Plátano	Muz
Uva	Üzüm

Gatos
Kediler

Afectuoso	Sevecen
Cazador	Avci
Cola	Kuyruk
Curioso	Merakli
Dormir	Uyku
Hilo	Iplik
Independiente	Bağimsiz
Loco	Deli
Pata	Pençe
Personalidad	Kişilik
Piel	Kürk
Poco	Küçük
Ratón	Fare
Rápido	Hizli
Salvaje	Vahşi
Tímido	Utangaç

Geografía
Coğrafya

Altitud	Rakim
Atlas	Atlas
Ciudad	Kent
Continente	Kita
Ecuador	Ekvator
Hemisferio	Yarimküre
Isla	Ada
Latitud	Enlem
Longitud	Boylam
Mapa	Harita
Mar	Deniz
Meridiano	Meridyen
Montaña	Dağ
Mundo	Dünya
Norte	Kuzey
Oeste	Bati
País	Ülke
Río	Nehir
Sur	Güney
Territorio	Bölge

Geología
Jeoloji

Ácido	Asit
Calcio	Kalsiyum
Capa	Katman
Caverna	Mağara
Continente	Kita
Coral	Mercan
Cristales	Kristaller
Cuarzo	Kuvars
Erosión	Erozyon
Estalactita	Sarkit
Fósil	Fosil
Géiser	Gayzer
Lava	Lav
Meseta	Yayla
Minerales	Mineraller
Piedra	Taş
Sal	Tuz
Terremoto	Deprem
Volcán	Volkan
Zona	Bölge

Granja #1
Çiftlik #1

Abeja	Ari
Agricultura	Tarim
Agua	Su
Arroz	Pirinç
Burro	Eşek
Caballo	At
Cabra	Keçi
Campo	Alan
Cuervo	Karga
Fertilizante	Gübre
Gato	Kedi
Heno	Saman
Miel	Bal
Perro	Köpek
Pollo	Tavuk
Semillas	Tohum
Ternero	Buzaği
Tierra	Kara
Vaca	İnek
Valla	Çit

Granja #2
Çiftlik #2

Agricultor	Çiftçi
Animales	Hayvanlar
Cebada	Arpa
Colmena	Kovan
Comida	Gida
Cordero	Kuzu
Fruta	Meyve
Granero	Ahir
Huerto	Bahçe
Leche	Süt
Llama	Lama
Maíz	Misir
Oveja	Koyun
Pastor	Çoban
Pato	Ördek
Prado	Çayir
Riego	Sulama
Tractor	Traktör
Trigo	Buğday
Vegetal	Sebze

Herboristería
Bitkicilik

Ajo	Sarimsak
Albahaca	Fesleğen
Aromático	Aromatik
Azafrán	Safran
Calidad	Kalite
Culinario	Mutfak
Eneldo	Dereotu
Estragón	Tarhun
Flor	Çiçek
Hinojo	Rezene
Ingrediente	Içerik
Jardín	Bahçe
Lavanda	Lavanta
Mejorana	Mercanköşk
Menta	Nane
Perejil	Maydanoz
Planta	Bitki
Romero	Biberiye
Sabor	Lezzet
Verde	Yeşil

Herramientas
Araçlar

Alicates	Pense
Antorcha	Meşale
Cable	Kablo
Cuchillo	Biçak
Cuerda	Ip
Escalera	Merdiven
Grapadora	Zimba
Hacha	Balta
Martillo	Çekiç
Navaja	Jilet
Pala	Kürek
Pegamento	Tutkal
Regla	Cetvel
Rueda	Tekerlek
Tijeras	Makas
Tornillo	Vida

Herramientas de Cocina
Pişirme Gereçleri

Batidora	Blender
Caldera	Kazan
Colador	Süzgeç
Cuchara	Kaşik
Cuchillo	Biçak
Espátula	Spatula
Estufa	Soba
Horno	Firin
Rallador	Rende
Refrigerador	Buzdolabi
Tapa	Kapak
Tenedor	Çatal
Termómetro	Termometre
Tijeras	Makas
Tostadora	Tost

Insectos
Böcekler

Abeja	Ari
Avispa	Yaban Arisi
Áfido	Yaprakdid
Cigarra	Ağustosböceği
Escarabajo	Böcek
Gusano	Solucan
Hormiga	Karinca
Langosta	Keçiboynuzu
Larva	Larva
Libélula	Yusufçuk
Mantis	Mantis
Mariposa	Kelebek
Mariquita	Uğur Böceği
Mosquito	Sivrisinek
Polilla	Güve
Pulga	Pire
Saltamontes	Çekirge
Termita	Termit

Instrumentos Musicales
Enstrüman

Arpa	Arp
Banjo	Banço
Baquetas	Baget
Clarinete	Klarnet
Fagot	Fagot
Flauta	Flüt
Gong	Gong
Guitarra	Gitar
Mandolina	Mandolin
Marimba	Marimba
Oboe	Obua
Pandereta	Tef
Percusión	Vurma
Piano	Piyano
Saxofón	Saksafon
Tambor	Davul
Trombón	Trombon
Trompeta	Trompet
Violín	Keman
Violonchelo	Çello

Jardín
Bahçe

Arbusto	Çali
Árbol	Ağaç
Banco	Bank
Estanque	Gölet
Flor	Çiçek
Garaje	Garaj
Hamaca	Hamak
Hierba	Çimen
Jardín	Bahçe
Malezas	Otlar
Manguera	Hortum
Pala	Kürek
Porche	Veranda
Rastrillo	Tirmik
Suelo	Toprak
Terraza	Teras
Trampolín	Trambolin
Valla	Çit
Vid	Asma

Juguetes
Oyuncaklar

Ajedrez	Satranç
Arcilla	Kil
Avión	Uçak
Barco	Bot
Bicicleta	Bisiklet
Bola	Top
Camión	Kamyon
Coche	Araba
Cometa	Uçurtma
Favorito	Favori
Imaginación	Hayal Gücü
Juegos	Oyunlar
Libros	Kitaplar
Muñeca	Oyuncak Bebek
Robot	Robot
Rompecabezas	Bulmaca
Tambores	Davul
Tren	Tren

Libros
Kitaplar

Autor	Yazar
Aventura	Macera
Colección	Koleksiyon
Contexto	Bağlam
Dualidad	İkilik
Escrito	Yazili
Historia	Öykü
Histórico	Tarih
Humorístico	Mizahi
Inmersión	Daldirma
Inventivo	Yaratici
Lector	Okuyucu
Literario	Edebî
Narrador	Anlatici
Novela	Roman
Página	Sayfa
Pertinente	İlgili
Poema	Şiir
Serie	Dizi
Trágico	Trajik

Literatura
Edebiyat

Analogía	Analoji
Análisis	Analiz
Anécdota	Anekdot
Autor	Yazar
Biografía	Biyografi
Comparación	Karşilaştirma
Conclusión	Sonuç
Descripción	Tanim
Diálogo	Diyalog
Estilo	Tarz
Ficción	Kurgu
Metáfora	Mecaz
Narrador	Anlatici
Novela	Roman
Poema	Şiir
Poético	Şiirsel
Rima	Kafiye
Ritmo	Ritim
Tema	Tema
Tragedia	Trajedi

Mamíferos
Memeliler

Ballena	Balina
Burro	Eşek
Caballo	At
Camello	Deve
Canguro	Kanguru
Cebra	Zebra
Conejo	Tavşan
Coyote	Çakal
Delfín	Yunus
Elefante	Fil
Gato	Kedi
Gorila	Goril
Jirafa	Zürafa
Lobo	Kurt
Mono	Maymun
Oso	Ayi
Oveja	Koyun
Perro	Köpek
Toro	Boğa
Zorro	Tilki

Mascotas
Evcil Hayvan

Agua	Su
Cabra	Keçi
Cachorro	Köpek Yavrusu
Cola	Kuyruk
Collar	Yaka
Comida	Gida
Conejo	Tavşan
Correa	Tasma
Garras	Pençeler
Gato	Kedi
Hámster	Hamster
Lagarto	Kertenkele
Loro	Papağan
Patas	Pençe
Perro	Köpek
Pescado	Balik
Ratón	Fare
Tortuga	Kaplumbağa
Vaca	İnek
Veterinario	Veteriner

Matemáticas
Matematik

Aritmética	Aritmetik
Ángulos	Açilar
Cuadrado	Kare
Decimal	Ondalik
Diámetro	Çap
Ecuación	Denklem
Esfera	Küre
Exponente	Üs
Fracción	Kesir
Geometría	Geometri
Números	Sayilar
Paralelo	Koşut
Paralelogramo	Paralelkenar
Perímetro	Çevre
Polígono	Çokgen
Radio	Yariçap
Rectángulo	Dikdörtgen
Simetría	Simetri
Triángulo	Üçgen
Volumen	Hacim

Mediciones
Ölçümler

Altura	Yükseklik
Ancho	Genişlik
Byte	Bayt
Centímetro	Santimetre
Decimal	Ondalik
Grado	Derece
Gramo	Gram
Kilogramo	Kilogram
Kilómetro	Kilometre
Litro	Litre
Longitud	Uzunluk
Masa	Kitle
Metro	Metre
Minuto	Dakika
Onza	Ons
Peso	Ağirlik
Profundidad	Derinlik
Pulgada	İnç
Tonelada	Ton
Volumen	Hacim

Meditación
Meditasyon

Aceptación	Kabul
Bondad	Nezaket
Calma	Sakin
Claridad	Açiklik
Compasión	Merhamet
Emociones	Duygular
Felicidad	Mutluluk
Gratitud	Minnettarlik
Mental	Zihinsel
Mente	Akil
Movimiento	Hareket
Música	Müzik
Naturaleza	Doğa
Observación	Gözlem
Paz	Bariş
Pensamientos	Düşünceler
Perspectiva	Perspektif
Postura	Duruş
Respiración	Nefes Alma
Silencio	Sessizlik

Mitología
Mitoloji

Arquetipo	Numune
Celos	Kiskançlik
Cielo	Cennet
Comportamiento	Davraniş
Creación	Yaratiliş
Creencias	Inanç
Criatura	Yaratik
Cultura	Kültür
Desastre	Felaket
Fuerza	Kuvvet
Guerrero	Savaşçi
Héroe	Kahraman
Inmortalidad	Ölümsüzlük
Laberinto	Labirent
Leyenda	Efsane
Monstruo	Canavar
Mortal	Ölümlü
Rayo	Yildirim
Trueno	Gök Gürültüsü
Venganza	Intikam

Naturaleza
Doğa

Abejas	Arlar
Animales	Hayvanlar
Ártico	Arktik
Belleza	Güzellik
Bosque	Orman
Desierto	Çöl
Dinámico	Dinamik
Erosión	Erozyon
Follaje	Yeşillik
Glaciar	Buzul
Montañas	Dağlar
Niebla	Sis
Nubes	Bulutlar
Pacífico	Huzurlu
Río	Nehir
Salvaje	Vahşi
Santuario	Barinak
Sereno	Sakin
Tropical	Tropikal
Vital	Hayati

Nutrición
Beslenme

Amargo	Aci
Apetito	Iştah
Calidad	Kalite
Calorías	Kalori
Comestible	Yenllebilir
Dieta	Diyet
Digestión	Sindirim
Equilibrado	Dengeli
Fermentación	Fermantasyon
Hábitos	Alişkanliklar
Líquidos	Sivilar
Nutriente	Besin
Peso	Ağirlik
Proteínas	Protein
Sabor	Lezzet
Salsa	Sos
Salud	Sağlik
Saludable	Sağlikli
Toxina	Toksin
Vitamina	Vitamini

Números
Şiir

Catorce	On Dört
Cero	Sifir
Cinco	Beş
Cuatro	Dört
Decimal	Ondalik
Diecinueve	On Dokuz
Dieciocho	Onsekiz
Dieciséis	On Alti
Diecisiete	On Yedi
Diez	On
Doce	On Iki
Dos	2
Nueve	Dokuz
Ocho	Sekiz
Seis	Alti
Siete	Yedi
Trece	On Üç
Tres	Üç
Uno	Bir
Veinte	Yirmi

Océano
Okyanus

Alga	Yosun
Anguila	Yilan Baliği
Arrecife	Resif
Ballena	Balina
Barco	Bot
Camarón	Karides
Cangrejo	Yengeç
Coral	Mercan
Delfín	Yunus
Esponja	Sünger
Mareas	Gelgit
Medusa	Denizanasi
Olas	Dalgalar
Ostra	İstiridye
Pescado	Balik
Pulpo	Ahtapot
Sal	Tuz
Tiburón	Köpekbaliği
Tormenta	Firtina
Tortuga	Kaplumbağa

Paisajes
Manzaralar

Cascada	Şelale
Cueva	Mağara
Desierto	Çöl
Estuario	Haliç
Géiser	Gayzer
Glaciar	Buzul
Iceberg	Buzdaği
Isla	Ada
Lago	Göl
Laguna	Lagün
Mar	Deniz
Montaña	Dağ
Oasis	Vaha
Pantano	Bataklik
Península	Yarimada
Playa	Plaj
Río	Nehir
Tundra	Tundra
Valle	Vadi
Volcán	Volkan

Países #2
Ülkeler #2

Albania	Arnavutluk
Australia	Avustralya
Austria	Avusturya
Dinamarca	Danimarka
Etiopía	Etiyopya
Francia	Fransa
Grecia	Yunanistan
Indonesia	Endonezya
Irlanda	İrlanda
Jamaica	Jamaika
Japón	Japonya
Laos	Laos
México	Meksika
Pakistán	Pakistan
Portugal	Portekiz
Rusia	Rusya
Siria	Suriye
Sudán	Sudan
Ucrania	Ukrayna
Uganda	Uganda

Pájaros
Kuşlar

Avestruz	Devekuşu
Águila	Kartal
Cigüeña	Leylek
Cisne	Kuğu
Cuco	Guguk
Cuervo	Karga
Flamenco	Flamingo
Ganso	Kaz
Garza	Balikçil
Gaviota	Marti
Gorrión	Serçe
Halcón	Şahin
Huevo	Yumurta
Loro	Papağan
Paloma	Güvercin
Pato	Ördek
Pelícano	Pelikan
Pingüino	Penguen
Pollo	Tavuk
Tucán	Tukan

Pesca
Balık Tutma

Agua	Su
Barco	Bot
Branquias	Solungaçlar
Cable	Tel
Cebo	Yem
Cesta	Sepet
Exageración	Abarti
Gancho	Kanca
Lago	Göl
Mandíbula	Çene
Océano	Okyanus
Paciencia	Sabir
Peso	Ağirlik
Playa	Plaj
Río	Nehir
Temporada	Sezon

Piratas
Korsanlar

Ancla	Çapa
Aventura	Macera
Bandera	Bayrak
Brújula	Pusula
Capitán	Kaptan
Cicatriz	Yara İzi
Cueva	Mağara
Espada	Kiliç
Isla	Ada
Leyenda	Efsane
Loro	Papağan
Malo	Kötü
Mapa	Harita
Monedas	Sikke
Oro	Altin
Peligro	Tehlike
Playa	Plaj
Ron	Rom
Tesoro	Hazine
Tripulación	Mürettebat

Plantas
Bitkiler

Arbusto	Çali
Árbol	Ağaç
Bambú	Bambu
Baya	Dut
Bosque	Orman
Botánica	Botanik
Cactus	Kaktüs
Fertilizante	Gübre
Flor	Çiçek
Flora	Flora
Follaje	Yeşillik
Frijol	Fasulye
Hiedra	Sarmaşik
Hierba	Ot
Jardín	Bahçe
Musgo	Yosun
Pétalo	Yaprak
Raíz	Kök
Sol	Güneş
Vegetación	Bitki Örtüsü

Playa
Plaj

Arena	Kum
Arrecife	Resif
Azul	Mavi
Barco	Bot
Cangrejo	Yengeç
Costa	Sahil
Isla	Ada
Laguna	Lagün
Mar	Deniz
Océano	Okyanus
Paraguas	Şemsiye
Sandalias	Sandalet
Sol	Güneş
Toalla	Havlu
Vacaciones	Tatil
Velero	Yelkenli

Profesiones #1
Meslekler #1

Abogado	Avukat
Astrónomo	Astronom
Atleta	Atlet
Bailarín	Dansçi
Banquero	Bankaci
Bombero	Itfaiyeci
Cartógrafo	Haritaci
Cazador	Avci
Doctor	Doktor
Editor	Editör
Embajador	Büyükelçi
Enfermera	Hemşire
Entrenador	Koç
Fontanero	Tesisatçi
Geólogo	Jeolog
Joyero	Kuyumcu
Músico	Müzisyen
Pianista	Piyanist
Psicólogo	Psikolog
Veterinario	Veteriner

Profesiones #2
Meslekler #2

Astronauta	Astronot
Bibliotecario	Kütüphane
Biólogo	Biyolog
Cirujano	Cerrah
Dentista	Dişçi
Detective	Dedektif
Filósofo	Filozof
Fotógrafo	Fotoğrafçi
Ilustrador	Çizer
Ingeniero	Mühendis
Inventor	Mucit
Investigador	Araştirmaci
Jardinero	Bahçivan
Lingüista	Dilbilimci
Médico	Doktor
Periodista	Gazeteci
Piloto	Pilot
Pintor	Ressam
Profesor	Öğretmen
Zoólogo	Zoolog

Rellenar
Doldurmak

Bandeja	Tepsi
Bañera	Küvet
Barril	Fiçi
Bolsa	Çanta
Bolsillo	Cep
Botella	Şişe
Caja	Kutu
Cajón	Çekmece
Carpeta	Klasör
Cartón	Karton
Cesta	Sepet
Cubo	Kova
Cuenca	Havza
Jarrón	Vazo
Maleta	Bavul
Paquete	Paket
Sobre	Zarf
Tarro	Kavanoz
Tubo	Tüp

Restaurante #1
1 Numaralı Restoran

Alergia	Alerji
Café	Kahve
Camarera	Bayan Garson
Carne	Et
Cocina	Mutfak
Comer	Yemek
Comida	Gida
Cuchillo	Biçak
Menú	Menü
Pan	Ekmek
Picante	Baharatli
Plato	Tabak
Pollo	Tavuk
Postre	Tatli
Reserva	Rezervasyon
Salsa	Sos
Servilleta	Peçete
Tazón	Tas

Restaurante #2
Restoran #2

Agua	Su
Aperitivo	Meze
Camarero	Garson
Cuchara	Kaşik
Delicioso	Lezzetli
Ensalada	Salata
Especias	Baharat
Fideos	Erişte
Fruta	Meyve
Hielo	Buz
Huevos	Yumurta
Pastel	Kek
Pescado	Balik
Sal	Tuz
Silla	Sandalye
Sopa	Çorba
Tenedor	Çatal
Verduras	Sebzeler

Ropa
Giyim

Blusa	Bluz
Bufanda	Eşarp
Calcetines	Çorap
Camisa	Gömlek
Chaqueta	Ceket
Cinturón	Kemer
Collar	Kolye
Delantal	Önlük
Falda	Etek
Guantes	Eldivenler
Joyas	Taki
Moda	Moda
Pantalones	Pantolon
Pijama	Pijama
Pulsera	Bilezik
Sandalias	Sandalet
Sombrero	Şapka
Suéter	Kazak
Vestido	Elbise
Zapato	Ayakkabi

Selva Tropical
Yağmur Ormanları

Botánico	Botanik
Clima	Iklim
Comunidad	Topluluk
Diversidad	Çeşitlilik
Insectos	Böcekler
Mamíferos	Memeliler
Musgo	Yosun
Naturaleza	Doğa
Nubes	Bulutlar
Pájaros	Kuşlar
Preservación	Koruma
Refugio	Siğinak
Respeto	Saygi
Restauración	Restorasyon
Selva	Orman
Supervivencia	Beka
Valioso	Değerli

Senderismo
Yürüyüş

Acantilado	Uçurum
Agua	Su
Animales	Hayvanlar
Cansado	Yorgun
Clima	Iklim
Cumbre	Toplanti
Mapa	Harita
Montaña	Dağ
Naturaleza	Doğa
Orientación	Oryantasyon
Parques	Parklar
Pesado	Ağir
Piedras	Taşlar
Preparación	Hazirlik
Salvaje	Vahşi
Sol	Güneş

Suministros de Arte
Sanat Malzemeleri

Aceite	Yağ
Acrílico	Akrilik
Acuarelas	Suluboya
Agua	Su
Arcilla	Kil
Borrador	Silgi
Caballete	Şövale
Cámara	Kamera
Cepillos	Firçalar
Colores	Renk
Creatividad	Yaraticilik
Ideas	Fikirler
Lápices	Kalemler
Mesa	Masa
Papel	Kâğit
Pasteles	Pastel
Pegamento	Tutkal
Silla	Sandalye
Tinta	Mürekkep

Surf
Sörf Yapmak

Arrecife	Resif
Atleta	Atlet
Campeón	Şampiyon
Clima	Hava
Diversión	Eğlence
Espuma	Köpük
Estilo	Tarz
Estómago	Mide
Extremo	Aşiri
Fuerza	Kuvvet
Océano	Okyanus
Ola	Dalga
Playa	Plaj
Popular	Popüler
Principiante	Acemi
Rociar	Sprey
Velocidad	Hiz

Tecnología
Teknoloji

Archivo	Dosya
Blog	Blog
Bytes	Bayt
Cámara	Kamera
Cursor	İmleç
Datos	Veri
Digital	Dijital
Estadísticas	İstatistik
Internet	İnternet
Investigación	Araştirma
Mensaje	Mesaj
Navegador	Tarayici
Ordenador	Bilgisayar
Pantalla	Ekran
Seguridad	Güvenlik
Software	Yazilim
Virtual	Sanal
Virus	Virüs

Tiempo
Zaman

Ahora	Şimdi
Antes	Önce
Anual	Yillik
Año	Yil
Ayer	Dün
Calendario	Takvim
Década	On Yil
Día	Gün
Futuro	Gelecek
Hora	Saat
Hoy	Bugün
Mañana	Sabah
Mediodía	Öğle
Mes	Ay
Minuto	Dakika
Momento	An
Noche	Gece
Semana	Hafta
Siglo	Yüzyil
Temprano	Erken

Tipos de Cabello
Saç Tipleri

Blanco	Beyaz
Brillante	Parlak
Calvo	Kel
Coloreado	Renkli
Corto	Kisa
Delgada	Ince
Gris	Gri
Grueso	Kalin
Largo	Uzun
Marrón	Kahverengi
Negro	Siyah
Ondulado	Dalgali
Plata	Gümüş
Rizado	Kivircik
Rubio	Sarişin
Saludable	Sağlikli
Seco	Kuru
Suave	Yumuşak
Trenzado	Örgülü
Trenzas	Örgü

Vacaciones #1
Tatil #1

Aduana	Gümrük
Avión	Uçak
Billete	Bilet
Coche	Araba
Expedición	Sefer
Itinerario	Güzergah
Lago	Göl
Maleta	Bavul
Mochila	Sirt Çantasi
Moneda	Para Birimi
Museo	Müze
Paraguas	Şemsiye
Relajación	Rahatlama
Salida	Kalkiş
Tranvía	Tramvay
Turista	Turist

Vacaciones #2
Tatil #2

Aeropuerto	Havalimani
Carpa	Çadir
Destino	Hedef
Extranjero	Yabanci
Fotos	Fotoğraflar
Hotel	Otel
Isla	Ada
Mapa	Harita
Mar	Deniz
Montañas	Dağlar
Ocio	Boş
Pasaporte	Pasaport
Playa	Plaj
Restaurante	Restoran
Taxi	Taksi
Transporte	Taşimacilik
Tren	Tren
Viaje	Seyahat
Visa	Vize

Vehículos
Araçlar

Ambulancia	Ambulans
Autobús	Otobüs
Avión	Uçak
Balsa	Sal
Barco	Bot
Bicicleta	Bisiklet
Camión	Kamyon
Caravana	Kervan
Coche	Araba
Cohete	Roket
Ferry	Feribot
Furgoneta	Van
Helicóptero	Helikopter
Metro	Metro
Motor	Motor
Neumáticos	Lastikler
Submarino	Denizalti
Taxi	Taksi
Tractor	Traktör
Tren	Tren

Verano
Yaz

Alegría	Sevinç
Amigos	Arkadaşlar
Buceo	Daliş
Comida	Gida
Familia	Aile
Hogar	Ev
Jardín	Bahçe
Juegos	Oyunlar
Libros	Kitaplar
Mar	Deniz
Música	Müzik
Ocio	Boş
Playa	Plaj
Relajación	Rahatlama
Sandalias	Sandalet
Vacaciones	Tatil
Viaje	Seyahat Etmek

Verduras
Sebzeler

Ajo	Sarimsak
Alcachofa	Enginar
Apio	Kereviz
Berenjena	Patlican
Brócoli	Brokoli
Calabaza	Kabak
Cebolla	Soğan
Ensalada	Salata
Espinacas	Ispanak
Guisante	Bezelye
Jengibre	Zencefil
Nabo	Şalgam
Oliva	Zeytin
Patata	Patates
Pepino	Salatalik
Perejil	Maydanoz
Rábano	Turp
Seta	Mantar
Tomate	Domates
Zanahoria	Havuç

Virtudes #1
Erdemler #1

Apasionado	Tutkulu
Artístico	Sanatsal
Bien	İyi
Curioso	Merakli
Eficiente	Verimli
Encantador	Büyüleyici
Fiable	Güvenilir
Generoso	Cömert
Independiente	Bağimsiz
Inteligente	Akilli
Limpio	Temiz
Modesto	Mütevazi
Paciente	Hasta
Práctico	Pratik
Sabio	Bilge
Útil	Yararli

Enhorabuena

Lo has conseguido!

Esperamos que hayas disfrutado de este libro tanto como nosotros al diseñarlo. Nos esforzamos por crear libros de la máxima calidad posible.
Esta edición está diseñada para proporcionar un aprendizaje inteligente, de calidad y divertido!

¿Te ha gustado este libro?

Una Petición Sencilla

Estos libros existen gracias a las reseñas que se publican.
¿Podrías ayudarnos dejando una reseña ahora?
Aquí tienes un breve enlace a la página de reseñas

BestBooksActivity.com/Opiniones50

¡DESAFÍO FINAL!

Reto n°1

¿Estás listo para tu juego gratis? Los utilizamos siempre, pero no son tan fáciles de encontrar. ¡Aquí están los **Sinónimos!**
Escribe 5 palabras que hayas encontrado en los rompecabezas (#21, #36, #76) y trata de encontrar 2 sinónimos para cada palabra.

Escriba 5 palabras del *Puzzle 21*

Palabras	Sinónimo 1	Sinónimo 2

Escriba 5 palabras del *Puzzle 36*

Palabras	Sinónimo 1	Sinónimo 2

Escriba 5 palabras del *Puzzle 76*

Palabras	Sinónimo 1	Sinónimo 2

Reto n°2

Ahora que te has calentado, escribe 5 palabras que hayas encontrado en los Puzzles 9, 17 y 25 e intenta encontrar 2 antónimos para cada palabra. ¿Cuántos puedes encontrar en 20 minutos?

*Escriba 5 palabras del **Puzzle 9***

Palabras	Antónimo 1	Antónimo 2

*Escriba 5 palabras del **Puzzle 17***

Palabras	Antónimo 1	Antónimo 2

*Escriba 5 palabras del **Puzzle 25***

Palabras	Antónimo 1	Antónimo 2

Reto n°3

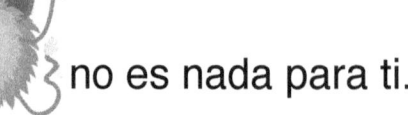

¡Genial! Este desafío final no es nada para ti.

¿Preparado para el reto final? Elige 10 palabras que hayas descubierto en los diferentes rompecabezas y escríbelas a continuación.

1.	6.
2.	7.
3.	8.
4.	9.
5.	10.

Ahora escribe un texto pensando en una persona, un animal o un lugar que te guste.

Puedes usar la última página de este libro como borrador.

Tu Composición:

CUADERNO DE NOTAS :

HASTA PRONTO !

Todo el Equipo

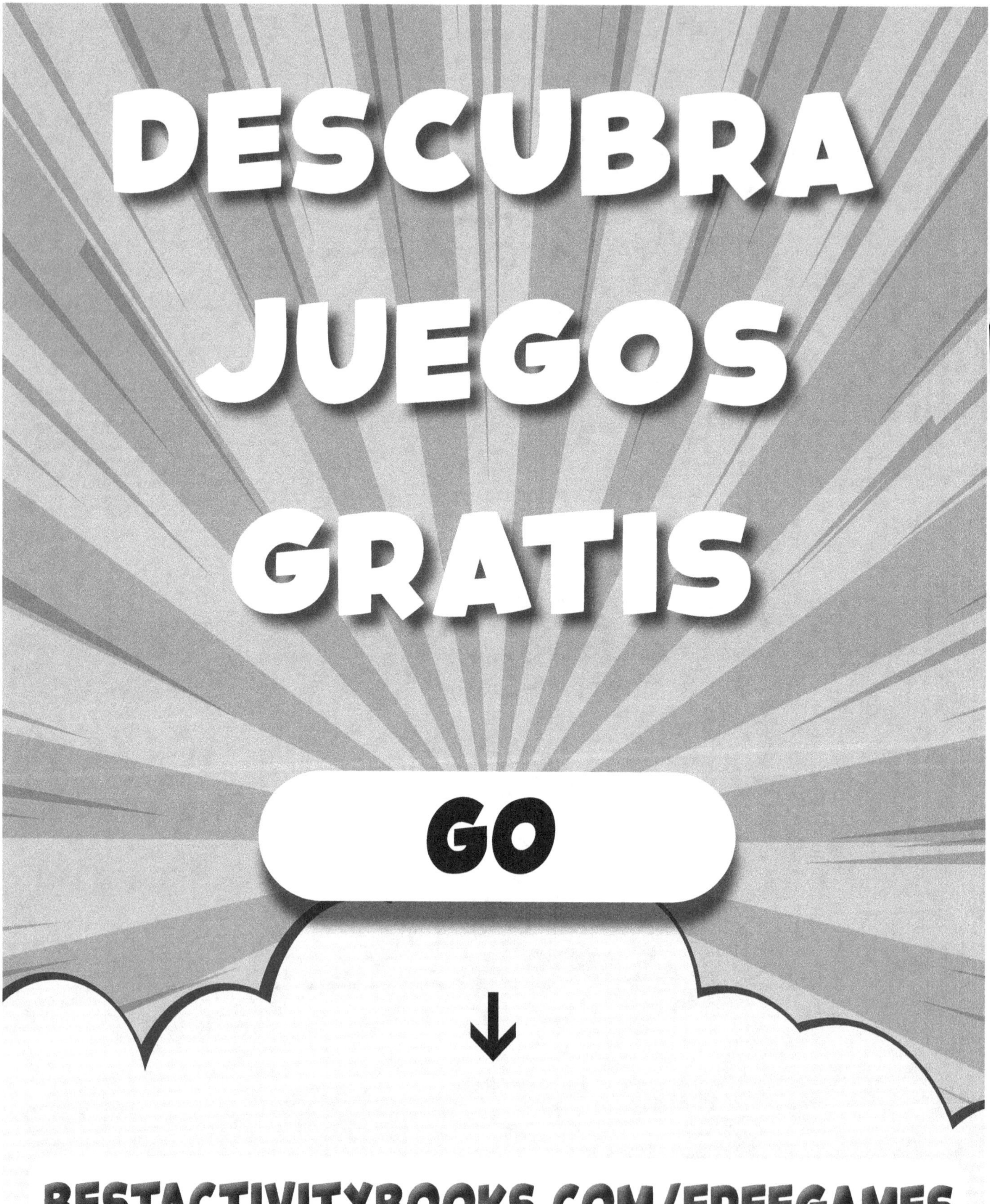
DESCUBRA
JUEGOS
GRATIS
GO